HSU

SUPER-HIGH QUICK STUDYING METHOD FOR UNIVERSITY STUDENTS AND BEYOND

大学生からの超高速回転学習法

人生にイノベーションを起こす新戦略

大川隆法

Ryuho Okawa

まえがき

オーソドックスな正統派秀才の勉強法を伝授しようとして、この本を企画したのだが、仕上がってみると、かなり変則的で異色の勉強法になってしまった。真面目《まじめ》な大学生諸君や若手エリートたちよ、許したまえ。私は、「仕事ができなくなる勉強法」や「貧乏から脱出できない勉強法」を説くことができないのだ。そういう勉強法は、何十年も大学で教えていて著書が一冊で終わりになって、人生に満足している先生にたずねるとよい。

私は、本の年間発行点数で、世界ギネス記録保持者だが、先月も一カ月で三十八冊刊行したとかで、これがミステリーやSFでなく、学術的な本なので、型破りも度が過ぎているだろう。自衛隊の情報関連将校の話によると、五百人ぐらいのブレーンが手分けしないと私の本の生産量は不可能なそうだが、残念！　工場は私の頭一つである。

考え方と頭の鍛え方次第で、こうなるという参考例なので、一つでも二つでもヒントになれば、あなたの人生を前進させられるだろう。

二〇一四年　九月十一日

幸福《こうふく》の科学《かがく》グループ創始者兼総裁《そうししゃけんそうさい》

幸福《こうふく》の科学大学創立者《かがくだいがくそうりつしゃ》　大川隆法《おおかわりゅうほう》

大学生からの超高速回転学習法　目次

第1部　大学生からの超《ちょう》高速回転学習法

二〇一四年七月二十四日　説法《せっぽう》
東京都・幸福の科学総合本部にて

第2部　質疑応答

二〇一四年七月二十四日　説法
東京都・幸福の科学総合本部にて

第1部

大学生からの超《ちょう》高速回転学習法

二〇一四年七月二十四日　説法《せっぽう》

東京都・幸福の科学総合本部にて

1 「秀才的《しゅうさい》成功法」のニーズがある

「幸福の科学大学」開学に向け、「正統派」の勉強法を説く

本書は、「超《ちょう》高速回転学習法」という変わったタイトルが付いています。「どんな勉強法なのだろう。〝洗濯機《せんたくき》〟みたいな勉強法かな」と思うような題ですが、実は、この法話《ほうわ》をしようと思ったのは、若干《じゃっかん》の〝クレーム〟を受けたからです。

どうやら、「幸福の科学の教えを読んでいるかぎり、正攻法《せいこうほう》で勉強して秀才《しゅうさい》になり、よい成績を取って、よいところに就職し、出世して収入も豊かになり、偉《えら》くなって役に立つといったことを、ストレートに認めていないように見える部分がある」ということのようです。

例えば、「勉強をあまりしていなかった。ほかのことをしていたほうがよかった」というような言い方があったり、「〝鈍《どん》くさい亀《かめ》〟のような生き方のほうがいい」とか、「授業中に、ノートを取らずに寝《ね》ているほうがいい」というような言い方もあったりして、「それでは、先生の冗談《じょうだん》だけを書いていればいいのか。先生の〝悪口《わるぐち》〟をノートに書いていれば、それでいいのか」というような感じに見えるところもあるのでしょう（『ストロング・マインド』『知的青春のすすめ』『青春マネジメント』〔いずれも幸福の科学出版刊〕等参照）。

そのため、「このままでは、来年（二〇一五年）、幸福の科学大学ができても、〝ろくでもない学生〟が育つ可能性がある。今の大学生たちにとっても、勉強の意欲が、いまひとつ湧《わ》かないではないか。『勉強ができたら、〝使えない〟ような人間になる』と取れなくもない」というようなクレームが一部あったのです。

実は、そのクレームは私の息子《むすこ》（三男）からです。息子は、この春、東京大学に合格し、今（説法《せっぽう》時点）、前期の試験の最中なのですが、試験を受けるにつれて、「当会の教えのなかに、『どうすれば、短期間で成績を上げられるか』が何も書かれていない」と言うのです。それは、そのとおりかもしれません。秀才になって、よい成績をあげて、よい就職をしたり、尊敬されたりするような方法は、ほとんど書かれていないのです。

〝逆のこと〟はよく書いてあるので、そうならなかった人には受けはよいのかもしれませんが、「実需《じつじゅ》のある部分について、説けていないのは問題がある」という〝突《つ》き上げ〟も一部にありました。

そのため、かなり忘れ果てている部分はあるものの、今、再構成して、やや正統派の勉強の方法についても述べておかないと、今後、当会にも困ることが起きる可能性があります。「授業中はノートを取らずに、雑学ばかりをしている。授業には〝遊び〟に来ている」というような人ばかりが出てくると困るわけです。

本来、よい授業であれば、そうならないはずではありますが、それには、当たり外《はず》れもあるでしょう。

幸福の科学の「成功論」には「事業家的成功」も入っている

ただ、当会の教えに、正統派の勉強の方法が説かれていないのは、やや〝視点が高い〟からかもしれません。若干、高い視点から見ているために、そのようになっているのかもしれないのです。

もう少し視点を一般《いっぱん》目線まで下ろせば、普通《ふつう》は、やはり、勉強がよくできるほうが、評価もされますし、就職にもよいわけです。また、出世も早くなるし、給料も上がっていって、ある程度豊かになることも多いでしょう。いろいろなかたちで成功していく道も多いと思われます。

特に、標準化して、「年収二千万円ぐらいまでのサラリーマンになっていく」

ということであれば、できるだけ、世間《せけん》で言うような偏差値《へんさち》の高い学校などを目指し、そこで自分の専攻した科目をしっかり勉強して、よい成績を取って、収入のよさそうな会社等に入り、そのなかでも競争に打ち勝って上がっていくのが有利だと思います。

ただ、もう少し上というか、年収五千万円クラスから上ぐらいになっていくと、サラリーマンとしての限界は来ます。ここから上になるとタレント（才能）が要求されてきて、その人の独特の才能やキャラクター、あるいは、同じコースを辿《たど》っても、少し毛並みの違《ちが》う異色な部分であるとか、人気であるとか、そうした、いろいろなものを加味することができないと、年収五千万円や一億円以上の収入になるような人にはなれないのです。

そういう人たちは、何らかの事業センス、商売センスのようなものを持っていたり、人気をものすごく集めるセンスがあったり、人を感動させる歌が歌えたり、ここ一番のときにヒットが打てるバッターであったりします。そうしたいろいろな才能があって、それ以上の成功があるのであって、これは、正規の学校の優等生だけでは、なれない部分でしょう。

例えば、日本の大手の会社の社長などでも、週刊誌等の特集では、年収一億円以上になっている人というのは、見開き二ページほどに、全員の名前が出るぐらいの数しかいません。年収十億円を超《こ》える人となると、もう、数行で終わるぐらいしかいないわけです。なかなか勉強だけでは、そうはならないということでしょう。

そういう意味では、当会の説いている成功には、もう少し、そうした事業などで成功していくような部分も入っているのだと考えています。

したがって、途中《とちゅう》の「秀才的成功法」の部分が十分ではないかもしれないと思い、改めて、そのへんについても補強をしておいたほうが、今後のためにも無難《ぶなん》なのではないかと考えています。

2 「学校の成績」と「年収」の相関関係

優秀《ゆうしゅう》な人が銀行等に就職していた時代

一般《いっぱん》的に言うと、勉強ができない人よりも、できた人のほうが、年収二千万円ぐらいまで行かないにしても、百万円や二百万円ぐらいは収入が高くなることは多いのです。

また、何らかの専門的な領域で、ある程度、人より優《すぐ》れていると認められるようなところまで到達《とうたつ》した人の場合は、フリーターをしたり、コンビニの店員をしたりするよりは、収入が高くなるのが普通《ふつう》でしょう。特殊《とくしゅ》な資格等も取っておいたほうが有利になることも多いわけです。

今、大学生の就職先について、各大学の学生が、どこに、どのくらい就職しているか、また、その職種の収入がどのようになっているかを現時点の資料で見ると、私のころとは変わっている部分もあります。

私が学生のころは、だいたいメーカー系がいちばん収入構造が低く、年収二、三百万円ぐらいの層が多かったのです。その代わり、社宅や寮《りょう》のようなものはわりあいありましたが、個室というのは少なくて、独身などは何人かが一緒《いっしょ》に放り込《こ》まれているような感じのところが多かったように思います。

文系の場合は、学校の成績が悪いと、だいたいメーカーのほうに行く傾向《けいこう》がありました。ただ、理系の場合は研究者等になる道もありますので、少し違《ちが》うかもしれません。優秀《ゆうしゅう》な人がメーカーに行く場合もあります。

そして成績が上がってき始めると、銀行や商社、あるいは損保《そんぽ》、生保《せいほ》等のサービス業に近いほうに移行していきます。そうなると、収入がだいたい二倍、三倍ぐらいになってくることが多いわけです。

特に、英語が使えるような職業になって、「国際性」が出てくると、収入が、もう一段高くなってくる傾向はあったかと思います。

銀行などは、当時は羽振《はぶ》りがよかったので、新入社員の給料だけは低く見せて、あとは、なかへ入ってからバンバンと上がっていくというケースでした。外に発表しているのは新入社員の給料だけなので分からないのですが、最初に入ったときは九万八千円ぐらい（当時）と付けてあり、一年目は低いので、ほかのところの給料が高く見えるのです。しかし、二年目になると、いきなり十五万円になり、三年目になると二十万円になるというように、バンバン上がっていくのですが、外からは分かりません。

そういうかたちで、タッタッタッタッと上がっていく面もあるし、お金があるので、〝フリンジ〟（付加給付）というか、寮や社宅等もリッチなものがけっこう建っており、寮などにも、きちんとしたテニスコートやプール等が付いているようなところもあったりして、遊休資産《ゆうきゅうしさん》をかなり持っていました。

もちろん、バブルが潰《つぶ》れてからあとは、かなり売り飛ばしたりしていて、それを当会も購入《こうにゅう》したりしていますが、そうした資産は減ってきているでしょう。

社員の平均年収から見る「日本経済」の動向

現時点の社員の平均年収を見ると、大手商社では、高いところが千四百万円ぐらい、低いところでも千二百万円ぐらいです。

この値段帯になっているのは、あとはテレビ局です。大手のテレビ局（フジテレビ）が、今、経営が厳しいので、視聴率《しちょうりつ》を上げるために、千五百人の社員のうち、千人を人事異動したと発表し、大リストラをするとも言われていますが、フジテレビなどの社員は、年収が高くて、千四百万円ぐらいもらっています。また、テレビ朝日等で千三百万円余り、それ以外のＴＢＳなどが、千二百万円から千四百万円ということで、商社とだいたい同じぐらいの価格層です。

ＮＨＫは公表していませんでしたが、一説によれば、受信料から諸経費を除いて、職員の頭数《あたまかず》で割ってみると、年収は千七百万円ぐらいあるのではないかという意見もあって、ＮＨＫのなかを〝歩いて〟いるだけで、千七百万円ももらっているのであれば、やや許せない部分があります。

ただ、それ以外にどこかで使っているものがあるでしょうから、それが正しいかどうかは分かりません。おそらく、かなりほかの下請《したう》け会社に外注に出してコストを安く抑《おさ》え、本体のなかにいる人は高い給料を食《は》んでいるのだろうと思いますが、そうした傾向は、ほかのテレビ局なども同じでしょう。

フジテレビあたりで千五百人ぐらいしか社員がいないというのですから、かなり外注し、コストを安くして番組をつくらせ、選んでやっているはずです。千五百人であれば、幸福の科学の職員数より小さいですから、そうだろうと思います。お台場《だいば》に大きな建物（本社）をつくっていますけれども、撮影所《さつえいじょ》もあるのでしょう。

そのように、かなり分かれてきています。

銀行は、昔はもう少しよかったのですが、今は、年収七、八百万円ぐらいのところに集まっているようです。金融緩和《きんゆうかんわ》しているものの、株価が上がらないだけあって、業績的に、いまひとつ、貸付金《かしつけ》、貸出金《かしだし》を出して、金利が取れるような先がないのだろうという感じが分かります。

このへんの金融の部分が回復し切れていないところが、日本の経済が本当に強くならないところなのです。要するに、銀行は、お金を貸す先がないということでしょう。お金を借りられる企業《きぎょう》があれば、銀行は事業が展開して大きくなっていきますが、借りるほうに、それだけの収入があまりないということなのだと思います。

そのへんが、やや落ちますし、メーカーなどは、もう少し下がります。

思いどおりに機能しなかった「法科大学院」の導入

また、最近は、やや規制緩和の影響《えいきょう》もあったのですが、「なかなか取れない資格を緩《ゆる》めると、どうなるか」という〝実験〟をしました。

例えば、司法試験についても、法科大学院をつくったとき（二〇〇四年）には、「卒業生の八割ぐらいは、司法試験に合格できるようにする」とか、いろいろ言っていたと思います。しかし、それがだんだん五割ぐらいになっていって、さらには長く勉強したけれども資格が取れない人も増えてきました（注。二〇一四年の法科大学院修了生の司法試験合格率は、現制度になって最低の二一・二パーセントにまで落ち込んだ）。

「法科大学院を出た人は、司法試験に受かる率が高い」というコースを考えていたにもかかわらず、長年勉強したわりには元が取れなくなり、弁護士事務所などは、法科大学院を経《へ》ずに、別枠《べつわく》として、昔の試験のかたちで学部あたりから予備試験を受け、短答式試験と論文式の二次試験に受かった人のほうを優先的に採用し始めたりしています。要するに、時間がかかったほうは、必ずしも効率的になっていない面があるのです。

以前は年間五百人ぐらいだった合格者を、三千人ぐらい出そうとし始めたわけですが、そのあたりからでしょうか。資格で守られていただけあって、数が増えると、古手《ふるて》の弁護士事務所で、「イソ弁」という居候《いそうろう》弁護士をたくさん雇《やと》っても、給料が当然安くなり、結局、年収二百万円ぐらいになってしまって、コンビニの店員と収入が大して変わらないようなことになりました。

「長時間、十年ほど勉強して、これでは割が合わない」という感じが出てきているので、今、改革が始まっていますが、潰れる法科大学院なども増えてきています。やはり、何らかの改革が必要でしょう。

また、医学部のほうも、「医者不足」などと言われると定員を増やしたくなるところでしょうが、「定員を増やすとどうなるか」ということを弁護士のほうで実験してみせたので、その結果を見るかぎり、そう簡単には増やさないと思われます。

おそらく定員を増やすと、たちまち給料が暴落して儲《もう》からない貧乏《びんぼう》医者がたくさん増えてきますし、あるいは、開業医であれば、倒産《とうさん》が相次《あいつ》ぐことが目に見えています。そこは、意地でもなかなか緩めずに頑張《がんば》るでしょう。そのようなことが予想されます。

3　大学で「よい成績」がつく文章の特徴《とくちょう》とは

成績を上げる秘訣《ひけつ》は「絞《しぼ》り込《こ》み」にある

ただし、いろいろなことをやってみるにしても、根本《こんぽん》に立ち返って、学問に有用性があるとするならば、「学問をきちんと究《きわ》めた人が、就職、あるいは、出世に有利になっていかねばならないし、そうした社会をつくらなければ、勉強する人は少なくなるだろう」ということは言えると思うのです。

なお、私のように、本を書いたり、人前で話したりしている人の場合、若干《じゃっかん》、サラリーマン的なものとは違《ちが》う面があるので、同じようにはいかないところがあります。そのため、説いている勉強法に、やや〝変化球〟が多いのかなと思って、今、少し反省してはいるのです。

例えば、私は、小学校時代などには、図書館で本を借りて、「月に二万ページぐらい本を読む」というようなことをしていたことがあるのですが、中学・高校になって受験勉強的な勉強が多くなってくると、やはり、読書がだんだんできなくなっていくのを感じました。

また、受験時代も、最後のほうになってくると、そうした時間は切っていかないと成績が上がらなくなってくるので、ずいぶん読書への飢《う》えを感じて、大学に入ってからは、その反動で本を読むようになっていったところがあります。

つまり、「時間の限界があって、一定のところまで学力を上げなくてはいけない」というような条件がある場合、ある意味での禁欲をしなければいけない部分があるわけです。やはり、無駄《むだ》な時間を使ったり、無駄なものに手を出しすぎたりすると、成果をあげられないところがあるからです。勉強には、本質的に、そうした面があると思います。

受験生も、受ける大学や学部・学科に合ったものの勉強に絞《しぼ》ったほうが、成果はあげやすいでしょう。

また、大学での勉強もおそらく同じであり、それぞれの学部や学科で、必修、あるいは、要求されているものがありますので、成績を上げようとした場合、担当の先生が選ぶ教科書もあれば、教える方向もあるとは思いますが、それに合ったものを繰《く》り返しマスターしたほうが、成績は間違いなく上がると思います。

その意味で、マックス・ウェーバーなどは、「資本主義の精神」として、「世俗《せぞく》内的禁欲」ということも言っています。いろいろなものをやりたくても、それを断念し、禁欲して、一つの仕事に専念することで、無駄なお金を使わないようにして集中していくと、「資本主義の精神」が生まれてくるわけです。

それを学問のほうに生かすと、どうなるでしょうか。やはり、いろいろなことを勉強したいところをグッととらえて、自分の専門に絞り込《こ》んで集中し、繰り返しマスターしていくと、その学問のなかでは、だんだん、秀才《しゅうさい》になるというか、一定のアチーブメント（達成度）が得られ、認められるようになっていくでしょう。

例えば、法学部にいながら、文学ばかり、要するに、小説ばかり読んでいて、法学の成績が上がるかといえば、そういうことは普通《ふつう》はありません。ＳＦやミステリーなど、小説ばかりを読んでいて、法学部でよい成績が出るということは、一般《いっぱん》にはないのです。

たまたま、頭がよすぎる場合は、それでもよい成績が出ることもありますが、一般にはないでしょう。やはり、面白《おもしろ》くもない法律の教科書を、丁寧《ていねい》に丁寧に読み込んで暗記し、理解していかなければ、よい成績は出ないのです。

「小説」と法学部の「答案」の書き分けができた三島由紀夫《みしまゆきお》

ちなみに、私が大学三年生ぐらいのころ、「行政法」の授業を聴《き》いていたときに、行政法の権威《けんい》だった教授が、「三島由紀夫《みしまゆきお》を教えたことがある」と言っていました。

のちに小説家になった三島由紀夫ですが、彼は東大の法学部出身で、成績もよかったらしく、法学部を出て当時の大蔵省《おおくら》（現・財務省）に入りました。一年ぐらいで辞《や》めてはいるのですが、今の高校に当たる旧制中学校時代には、すでに小説なども発表しています。『花ざかりの森』など、いろいろな小説をそのあたりから書いていた方なので、大学時代もおそらく読んだり書いたりはしていたでしょう。

その行政法の教授は、「三島由紀夫の答案というのは、実に見事でした」と授業中に言っていましたが、私はそれを聞いたときに、「これは絶対、嘘《うそ》だ」と思ったのです。なぜなら、三島由紀夫の小説の文章を法学部の答案に持ってきてそのまま書いたら、絶対に悪い成績がつくからです。

彼は、普通の作家よりは、やや論理的な文章が書けているかもしれませんが、論理的な文章では、小説として人を酔《よ》わせることはできません。漢語を多用したような文章を書いても面白くないでしょう。それでは、売れない小説しか書けないはずです。

しかし、実際に売れる小説を書けたということは、彼が文章を書き分けられたことを意味していると、私は思います。

一般には、法学部において小説のような文章で答案を書いたら、成績は悪いはずです。その文章が名文でも、成績は悪くなります。

なぜなら、法学部の先生は、よく売れる本を書けないからです。よく売れる本を書けず、毎年、学部の学生の数だけしか増刷できないような本しか書けません。それ以外の一般の人は誰《だれ》も買わず、ほとんどは古本屋に並んでいるような本しか書けないのです。

そのため、自分の学生に強制的に買わせるというだけで、本を出していることがほとんどなのです。それも、ある程度、一流大学というか、名前が売れている大学の先生なら教科書を書かせてもらえますが、名前の売れていない大学の先生であれば、教科書も書かせてもらえません。

一般に、本というのは三千部が採算ラインなのですが、三千部は、そう簡単には売れはしないのです。千部もなかなか簡単には売れないでしょう。

学部の学生の数が多い私立大学は、やや有利なところがあって、強制的に買わせれば多少増刷をかけていける面はありますが、有名大学の先生の本でないと買ってくれないので、やはり本を書けない人は多いわけです。

また、「文学的な文章を書けば、よい点が出るか」ということですが、もしかしたら、女子大などではありえるかもしれないので、全部が全部、「よい点が出ない」とは言えないところはあります。女子大の先生あたりであれば、専門科目であっても〝諦《あきら》めて〟いる可能性もなきにしもあらずなので、「ああ、面白かった」と言って、よい点をつけてくる場合もあるかもしれません。

しかし、いわゆる、「まっとうに、その専門科目で就職させて、出世させよう」と考えているような大学であれば、おそらく、そのようなことはないと思います。やはり、文学的文章などを書いたら点を引かれるので、「三島由紀夫の答案は実に見事だった」というのは嘘だと、私は即座《そくざ》に判断しました。そんなことはないはずです。

法学部の答案というのは、「論理的かつ明晰《めいせき》で、きちんとした法律用語を使いこなすとともに、場合分けをし、比較衡量《ひかくこうりょう》をして結論を出す」というような文章をピシッと書けなければ、よい点は絶対に出ません。また、そうした答案を小説にしたら、まず売れないので、三島由紀夫は文章を書き分けたはずなのです。

その法学部の教授は、「三島由紀夫は自分の教え子だった。実は彼を教えたんだ」ということを強調したかったために、〝後知恵《あとぢえ》〟で言っていたに違いありません。だいたい、何百枚も読んでいる答案を覚えているわけもないとは思うのですが、覚えていたことにして、「彼の答案は、実に見事でした」というようなことを言っていただけで、ほぼ嘘だろうとは思います。

答案や論文の「書き方の指導」に見る「大学教育の問題点」

東大には今、学生時代の私を知っている先生で、残っている先生はいないと思います。同級生ぐらいであればいるかと思いますが、先生はもう退官しているので、いないでしょう。ただ、もう少し前であれば、もしかしたら、「大川隆法の答案は実に見事だった」などと言ってくれる人がいたかもしれません。

しかし、実際には、そんなことはないと思われます。なぜなら、そういう答案のような本を書いていたら、私の本は全然売れないはずなのです。ですから、きちんと書き分けをしているのです。

本というのは、難しく書けば売れなくなります。分かりやすく、面白く書かないと売れません。これは本の鉄則です。

今、大学教育等では、答案や論文について、どちらかというと硬《かた》い文の書き方を教えます。これは、教える側もそうした書き方しかできないように訓練されてきているので、そうなっている面もあるかもしれません。大学院教育などは、特にそうなります。いろいろ引用しながら、硬く隙《すき》のない文を書く練習をさせられるのです。

新聞などで言えば、社説や論説に当たる部分も、そういう感じでしょう。あのようなものに近い文章が書けると、社会科学的な領域などでは、比較的よい成績が出るのですが、一般の人には、あまり、読んでも分からないものになることがあります。「その専門の人なら、じっくり読めば分かる」というようなかたちになるわけです。

このへんについて、私は、「大学教育で成績がよくても、使えない」と、よく述べています。そうした教育をすると、社会に出てから、「その人の言っていることが難しくて、何を言っているのか分からない」「書いているものが、よく分からない」などということが起きるからです。

同レベルの同じような研究をした人、勉強をした人には分かっても、ほかの人には分からない言語を使ったりすれば、営業などはできなくなりますし、多くの人を動かす力がなくなったりもします。今、そのへんのところを問題点として感じているのです。

結局、そうしたことができるようになるためには、多くの人の心をつかむような雑学を身につけているか、あるいは、教養を積んでいないとできないわけなのです。

4　正統派の勉強法にプラスアルファの努力を

まずは、自分の「専門分野」で「秀才《しゅうさい》」を目指そう

ただ、学生という身分であれば、やはり自分の置かれた立場で最善を尽《つ》くすのが本分ですし、専門にしているものができないというのは、残念なことでしょう。もちろん、専攻《せんこう》を間違《まちが》えたということもありえます。それで、将来、おそらく他の職業に就《つ》くような場合には、学生の間もそこでの勉強はあまり面白《おもしろ》くなく、ほかのことをしていたりすることが多いと思います。

また、スティーブ・ジョブズのように、「大学には入ったけれども、結局、面白くなくて辞《や》めてしまい、退学して無資格であるのにもかかわらず、書体などを

いろいろ研究するような講義（カリグラフィーの講義）だけに通わせてもらって勉強したものが、あとでコンピュータをつくるときに役に立った」というような人もいます。彼は、そのことを、スタンフォード大学の卒業式での有名な講演で述べていますけれども、そのように、創造性のある人は、やや正規のルートを捨てた人が多いのです。

あるいは、ビル・ゲイツなどもそうでしょう。彼は、ハーバード大学に法学専攻で入ったのに、「大学を卒業している暇《ひま》などない」というか、「卒業するまで待っていたら、コンピュータ業界では、ほかのところに負けてしまうので、早くその業界に入らなければ間に合わない。一年遅《おく》れたら、もう終わりだ」というので大学を辞めました。両親とも彼が卒業することを望んでいたし、父親も弁護士だったと思いますが、法律等の勉強をやめて、コンピュータ業界に入り、会社をつくったのです。

ただ、このような人たちは〝別口《べつくち》〟です。才能もあるし、先見《せんけん》の明《めい》もあって、それなりの努力をしているので別なのです。そうした、大学という、一般《いっぱん》的なビジネスマン養成所のようなところでは満足できなかった人もいるわけですが、そういう例ばかりを引きすぎると、平均か、平均を少し超《こ》えたぐらいの能力の人たちにはやや気の毒なので、あまりそちらに惹《ひ》かれすぎてもいけないかもしれません。

そういう能力が出てくることもありますが、誰《だれ》もがそうなるわけではないので、まずは平均より十パーセント、二十パーセントを超えるぐらいの学力をつくっていくことが大切です。同じように、仕事も十パーセント、二十パーセントよくできるぐらいでも、順当に出世していけるのです。

そのように、秀才《しゅうさい》の延長上に、ある程度仕事ができるようになるところもありますので、それはそれで取り組んだほうがよいと思います。

「よい成績を取るための勉強」と「教養を積むための勉強」

私の大学時代の青春回想的なものには〝ドジ話〟などが多く、それはそれで喜んでくれる人もいるのですが、「あまり参考にならない」と言われると、確かにそのとおりかもしれません。そうした一部の〝正統派マーケット〟のために、何らかの勉強の仕方を教えなければいけないと考えています。

やはり、基本的に能力に大きな差がないと見た場合は、ある程度、試験などに出やすい教科書や授業の内容等を理解して覚え込《こ》む作業が、勉強の中心にはなります。

今朝（二〇一四年七月二十四日）の朝刊にも広告が出ていましたが、私の二、三十年は後輩《こうはい》になる東大首席弁護士で、勉強法の本を書いている人がいます。

その人は、東大法学部を首席で卒業して財務省へ入り、そのあと弁護士になります。今はタレントを目指しているらしく、テレビによく出ているようです。いずれは、政治家あたりを目指そうとしているのかもしれません。この人が、「七回、教科書を繰《く》り返し読んで覚える」というようなことを推奨《すいしょう》しているのですが、確かに七回ぐらい読めばマスターできるでしょう。

ただ、この人も、勉強の方法の本や受験のハウツーものであれば、二、三冊ぐらいは書けるかもしれませんが、その後は限界がきて書けなくなるということが、私などにはすぐに分かってしまいます。

周辺の教養がなければ、本は書き続けられないのです。なぜなら、自分の体験に基《もと》づいて書いたものは、すぐに種が尽きてしまうからです。

もちろん、勉強でよい成績を取れるようになるためには、そうした「七回繰り返して読む」という方法はよいかもしれません。

しかし、同じ東大法学部の卒業生でも、教科書だけを繰り返し七回読んで、必要な科目だけを勉強して、「優」を並べてよい成績を取った人も、ほかの教養についても勉強しながらよい成績を取った人も、その成績だけを見れば同じなのですが、私がよく述べているように、その後の人生では違いが出るわけです。

ただ、これは、「仕事が変わったり、仕事が自分の勉強したものの延長上ではないところに広がっていったりした場合に、プラスアルファの勉強をしている部分が効いてくる」ということなので、やや贅沢《ぜいたく》な話ではあるでしょう。

やはり、その前の自分の専門の段階において、短期間で認められるためには、ある程度、集中して繰り返し勉強するのがよいだろうと思うのです。

5　勉強法のなかにある「無駄《むだ》」を省《はぶ》く

勉強が進むのは「書く」なのか、「読む」なのか

ここで、私が実践《じっせん》した勉強方法のなかで「無駄《むだ》だった」と思うことを、正直に述べておきたいと思います。

私は教養学部時代に、「政治学者になろうかな」と思ったときもあったので、政治学の原典というか、古典を読んでいたのですが、そのときに自分で「政治学ノート」のようなものを書いていました。

それは、重要だったところや感想などを書いたものですが、「こういうものを書いていた時期があったのだな」と懐《なつ》かしくはあるものの、今となっては明らか

に「無駄であった」と思います。

なぜならば、読むのに比べて、書くのは非常に時間がかかるからです。そうした政治学の古典的な名著について、大事なところを抜《ぬ》き書きしたり、自分の感想を書いたりしていたら、時間がかかるのですが、かけた時間のわりには成果があがりません。

要するに、それに時間をかけすぎてしまったけれども、そのくらいの時間があったら、もっと、ほかの本が読めたし、つくったノートは、その後、使えませんでした。

そういう意味で、甘酸《あまず》っぱい懐《なつ》かしさはあるけれども、無駄だったという記憶《きおく》が若干《じゃっかん》残ります。

それよりは、一冊でも多く政治学の本を読み、そのなかで重要なものについては、線を引いたり、色をつけたりしながら、繰《く》り返し読んでいったほうが、勉強は進むのです。

やはり、根本《こんぽん》は、「理解し、暗記する」ところから始まります。文系は、特にそうでしょう。理解し、暗記できなければいけません。理解していないものを暗記するのは、一日で忘れるスタイルであるので、理解し、暗記することが大事になります。

私が「我妻榮型《わがつまさかえ》の勉強方式」を捨てた理由

また、法律の勉強で失敗した部分は、昔の偉《えら》い人の勉強方法をまねしようとしたところです。

かつて、岸信介《きしのぶすけ》（元首相）と我妻榮《わがつまさかえ》という民法学者とが、学生時代に一高《いちこう》（旧制第一高等学校）と東大のトップ争いを、ずっとしていたというので、「その勉強の方法をまねればよいだろう」と思い、私は、我妻榮の勉強の方法をまねました。

彼は、「夏休みなどには、岸君と一緒《いっしょ》に葉山《はやま》などに籠《こ》もって勉強をし、サブノートづくりをしていた」というようなことを書いていたのです。例えば、法律学の教科書は五百ページぐらいなど、かなりのページ数がありますが、おそらく、重点や要点を抜き書きし、百数十ページぐらいのサブノートにまとめたのでしょう。そのように、「サブノートをつくった」というようなことが書いてあったので、私もまねをしたことがありました。

ただし、すべての本ではなく、四宮和夫《しのみやかずお》が書いた『民法総則』だけです。それを読み、ボールペンや鉛筆《えんぴつ》で赤線を引いた上で、重要だと思った部分だけを抜き出し、サブノートに書いたことを覚えています。

確か、四、五百ページぐらいある本だったと思いますが、それを百数十ページ程度のサブノートにしました。わざわざ万年筆で書いて、きちんとしたものをつくり、それだけをテスト前に読んで覚えて、テストを受けるというスタイルです。

このようにしたこともありましたが、非常に時間がかかりました。

サブノートはつくるのに時間がかかったけれども、やはり、「穴」があるのです。つまり、五百ページなら五百ページの本を百ページのサブノートに要約しても、残りの四百ページ分の内容が抜けてしまうわけです。

しかし、法律の本などには、雑談のような部分はほとんどありません。すべて、きちんとした要点のようなものが書いてあったり、あるいは、学説をいろいろ分けて書いてあったりします。判例や条文など、見逃《みのが》せない部分がたくさん入っているのです。

そのため、要約したサブノートをつくって、それだけを繰《く》り返し覚えても、結局、本自体を繰り返し読んだほうが効率がよく、膨大《ぼうだい》な時間をかけたわりには「損をしたかな」と思うことが多かったのです。

やはり、自分の書いたノートだけを読んでいても駄目《だめ》で、かけた時間のわりに効率が悪いため、私は「我妻榮型の勉強方式」を捨てました。

ですから、少し難しい教科書の場合、最低でも三回ぐらいは読まないと頭に入らないと思いますが、線の引き方や色使いなどを工夫《くふう》すればよいでしょう。読む回数によって、黒、赤、青、黄色などのマーカーを使って線を引いたり、あるいは、付箋《ふせん》を貼《は》ったりなど、いろいろな使い方があると思います。いずれにしても、重要なところが分かるように、自分なりに印を付けておけばよいのです。

あとは、それをサブノートのように使い、試験の前に、赤線などマーカーを引いたところをパーッと読んでいけば、短時間で全体についてつかめます。早いと十分もあればポイントが一通り押《お》さえられるので、それを読んだほうが、効率がよいでしょう。

ただ、これには個性に差があるので、人によって違《ちが》いがあるかもしれません。

私の場合は、暗記力が高かったので、そのほうが有利だった面もあるのですが、暗記が苦手な人のなかには、「何か作業をしなければ覚えられない」という人もいるので、それについて、すべてを否定する気はありません。「作業をしたほうが覚えられる」という人は、そのようにしたほうがよいでしょう。

「作業のなかに隠《かく》れている無駄《むだ》時間」に注意せよ

さらに、ほかの勉強方法としては、新聞などで勉強になる部分を切り抜き、ファイルをつくったりもしていたのですが、残念なことは、新聞を切り抜いてファイルしていたのに、連載《れんさい》が終わったとたんに、それが本になって出たことです。そのときは、「ああ、徒労《とろう》であった」と思い、ガクッときました。

毎週だったか、毎日だったかは忘れましたが、学者が書いた記事について、「これは、まだ本にならないから大事だろう」と思い、ファイルに貼って赤線を引いたり、見出しをつけたりしていたのですけれども、その連載が終わったら本になったのです。確か、松下圭一《まつしたけいいち》氏の「地方自治」に関係する連載だったような気がするのですが、この衝撃《しょうげき》は忘れられません。

本にするなら「する」と、早めに言っておいてほしいものです。あのときは、「無駄《むだ》な時間を使ってしまったな」と思いました。そのように、作業のなかにも無駄時間は出るので、気をつけたほうがいいでしょう。

ただし、逆に作業しなければいけないものもあります。マスターするためには、作業をしなければいけないものもあるのです。

例えば、中高生などであれば、英単語などを覚える場合、単語カードや単語帳をつくって覚えるのは普通《ふつう》のことですし、それをつくっておけば、バスのなかで読んだり、電車のなかで読んだりもできます。そういう作業をしながら取り組むのは、ごくオーソドックスな勉強の仕方でしょう。

ただ、気をつけなければいけないことは、単語カードや単語帳などをつくること自体が勉強だと思って、それに熱中してしまうことです。肝心《かんじん》の単語などを覚えるところまで行かない人が、けっこういるのです。

そういうものをつくっておけば自分の気が済むので、とにかく、つくるにはつくるのですが、「千語分の単語帳ができた！」とか、「単語カードができた！」とか思っても、実は、これを覚えなければ実力にはなっていません。「つくるのが好きなだけで、実は覚えていない」という人がいるのですが、もう一押しが足りていないのです。

もちろん、それをつくる過程で少しは覚えるところもあると思うのですが、やはり繰り返し学んで覚えなければいけないでしょう。それを忘れないでください。

こういう人は、けっこう多いのではないでしょうか。

前述のサブノートの話もそうですが、作業をしているうちに、作業に心を奪《うば》われて、結局、「いったい、これは何だったのか。何を勉強して、何を覚えなければいけないのか」というところを忘れてしまうのです。結局、作業を楽しんで結論まで行かず、膨大な時間は使うけれども結果が出ないわけです。

やはり、自分に与《あた》えられた時間をよく見切って、そこから逆算し、「これについては、どの程度の時間がかけられるか」を見ることです。そして、「自分の持っている時間のなかで、最高度の得点や結果に結びつけるにはどうするか」というところを考え、攻《せ》めていくべきだと思うのです。

私が教科書的な本を読む場合は、線を引いたりもしますが、繰り返し読むにしても時間に限りがありますので、欄外《らんがい》に、重要な言葉など、いろいろなものを抜き出して書いたりしています。

例えば、欄外に、赤や青で書き抜いたりしていますし、さらに、次に読むときは、その書き抜いたもののなかでも、さらに重要だと思うところをマーカーで囲ったり、あるいは、付箋を貼ったり、いろいろとするのです。

このように、なるべく自分なりに、視覚的にカラフルになるようにしています。

これは、「写真的記憶術」というものですが、私はどちらかというと、見て覚えるほうが得意であり、「あのページには、こう書いてあった」などと、見覚えがある記憶を再現できるので、自分なりに本に書き込《こ》んでいくということをよくしていました。

本を手元に置いておくことのメリットとは

今は、紙の本の売上がかなり減り、電子書籍《しょせき》なども出てきています。また、紙の辞書は重いので、電子辞書の利用も多いと思いますが、確かに持ち運びには便利でしょう。あるいは、「空間的に足りない」「部屋が狭《せま》くて置けない」というような人であれば、電子書籍でも、ないよりはあったほうが絶対にいいとは思います。しかし、まだ金銭《きんせん》的、時間的に、もしくは空間的に余裕《よゆう》があるのであれば、やはりできるだけ本を所有したほうがよいでしょう。

図書館の本なども便利ですが、線を引いたりしたら怒《おこ》られますし、罪悪感もあるはずです。また、内容を写すのも大変なことですので、できれば買って、自分の蔵書《ぞうしょ》として持っているほうがいいと思うのです。そうすれば、今、読めなくても、読もうと思えばいつでも読めるわけです。

私の場合、一回しか読んでいない本が八割ぐらいはあると思いますけれども、結局、大事な本は何回も読むようになっていきます。何度も繰り返し読んでいくと、ものになってくるのです。

やはり、大事な本は繰り返し、五回、七回と読むと覚えられるようになってきます。細かいところまで読めるようになってくるし、著者の〝趣味《しゅみ》〟が見えてくるところがあるのです。

いずれにせよ、「読む」のと「書く」のとではかかる時間が違います。ノートを取ったり、カードに書いたりすると、読むのに比べ、二十倍ぐらいの時間がかかることがあるので、どうか、このへんの時間計算をよくしてください。

ただ、どうしても必要なものに関しては、書き取ることも必要だということです。

やはり、語学系統などには、書き取りが必要なものがあるでしょう。中間テストや期末テストなどで語学の試験があるときには単語を覚えなければいけないので、そういう場合は、ある程度、抜き書きして覚えたりすることは必要なことかと思います。それを否定はしませんし、そのようにしたほうがよいでしょう。

6　教科書と参考書で「時間のかけ方」を分ける

「参考書」などにかける時間についての考え方

基本的には、「できるだけターゲットに近いところに絞《しぼ》り、繰《く》り返して勉強し、理解して、暗記したものについては、よい成績を出しやすい」ということが言えると思います。

さらに、これは高望《たかのぞ》みにはなりますが、可能であれば効率をさらに上げて、多少なりとも周辺にまで目が及《およ》ぶようになると、ものの見方に、やや「深み」が出るというか、〝複線〟の見方が出ることがあるのです。

私などは意外に、先生がたが授業中に紹介《しょうかい》した参考書などを漏《も》れなく書いていて、かなり集めて読んでいたほうなのですが、これはどちらかというと、学部の学生がよい成績を取るための方法というよりは、研究者などの態度に近かったのかもしれません。

私には、「先生は、いったい、どんな本に基《もと》づいて、そう述べているのか」というところに関心があって、古本屋回りなどもして、そういうものを集めてきて読んでいたのです。それは、ズバリは試験に出ないものなのですが、やはり、先生が述べている講義のもとになったものであり、本人が非常に強い印象を受けたもののはずです。それらを自分なりにまとめて述べているのでしょうから、私は、「その人は、何を見て影響《えいきょう》を受けたのか」というところについて読んだりすることをけっこうしていました。このあたりは、少し違《ちが》いがあるところかもしれません。

もちろん、短い答案のなかには、それを十分に生かすほどの余力はないので、それほど分からないだろうとは思いますけれども、こういう勉強の方法もあるのです。

また、これは、社会人にも通用する勉強の仕方でもあるでしょう。

いわゆる、「中心テキスト」に当たる部分、大事な「教科書」に当たる部分は、きっちりとマスターしなければいけないのですが、「参考書」的なもの、あるいは、「準参考書」的なものが外側にあるわけです。要するに、その外側には、一般《いっぱん》教養的なものや雑学というようなものが、〝土星の環《わ》〟や〝衛星〟のように順番にあるということです。

そういう意味では、勉強をする際、このへんの時間のかけ方が、どの程度うまいか、あるいは、効率的かというところで分かれてきます。

そもそも、本業の勉強に対する集中力がすぐに切れて、エンターテインメントの小説やＳＦ、漫画《まんが》のほうに走っていくような人は、おそらくそんなによい成績は取れないでしょうし、平均ぐらいまで行けばいいほうかもしれません。

ただ、参考書や準参考書であれば、中心テキストに当たるものほど完全にマスターしなくてもよいわけです。「どのようなことが書いてあるのか」が一通り分かっていればよく、「何かの参考になればよい」という程度ならば、本業の勉強をやりながらでも、「参考書的な読み方」、「準参考書的な読み方」、あるいは、それに関係する「雑学的な部分をザルッと読む読み方」等で、周辺部分を増やしていくやり方があるのです。

そのためには、やはり、時間のかけ方を分けることです。教科書のようなものは、丁寧《ていねい》に読まなければいけなくて、いわゆる「精読型《せいどくがた》」でないと成績に結びつかないとは思うのですが、教科書ではなく、先生が紹介した本などには、読んでも読まなくてもよいものもあるでしょう。

ただ、読んでおいたほうがプラスではあると思うので、時間は短くてもよいし、速く読んでもよいのですが、とりあえずサラッと目を通しておき、何か引っ掛《か》かるものがあれば、それを二回目で丁寧に読んだらよいと思います。

繰《く》り返し読みたくなる本は、「自分の考え方」と感応している

私も、本を大量に読んでいますが、たいてい一回目はそれほど真剣《しんけん》には読んでいません。サーッと読んで、アンテナに引っ掛かるかどうかを見ているのです。引っ掛からなかったものは、一回目だけで終わりになるもので、そういう本はかなりあるのです。

一方、大事な本は、二回目、三回目と引っ掛かってきます。不思議なのですが、勉強をしていると、あるとき突然《とつぜん》、ある著者の、ある本が、何の関係もなくフッと読みたくなるときがあるのです。

「これは二年前に読んだ本だけれども、もう一回読みたい」と思い、読んでみ

て、「そこそこ、よかった」という感じで、また〝寝《ね》かせて〟おくのですが、しばらくすると、三回目が読みたくなるようになります。

要するに、「何回目ぐらいまで付き合える本か」ということがあり、繰《く》り返し繰り返し、五回以上出てくるようなら、その本は、かなり自分自身の「波動」と似ているのだと思います。おそらく共振《きょうしん》するものがあるのでしょう。

つまり、繰り返し読んで、内容を理解し、覚えてしまったものは、ある意味で自分の思想にもなるし、血肉《けつにく》にもなっていきます。自分自身の血や肉になっていく部分があるのです。

また、それだけ繰り返し読みたくなるということは、「著者の考え方」と「自分の考え方」が感応《かんのう》しているのでしょう。魂《たましい》的にも感応が出ているのだと思います。

ともかく、「本を持っている」「蔵書《ぞうしょ》がある」ということは非常に大事なことです。一回読んで線を引いておけば、必要なときに取り出して読めるわけです。脳に負担をかけて、全部暗記しなくても、大事なときに取り出して読めばよいので、蔵書が手元にあるということは非常によいことなのです。

7 「知は力なり」「時は金なり」という二つの指針

知らない者は、勉強している者に勝てない

そういう意味で、私は大学へ入って、比較《ひかく》的早いうちに、「知は力なり」という言葉を覚えました。「知っているということは力なのだ」ということで、やはり、知らないことについては、まったく判断ができないし、理解できません。そのへんは、私にもよく分かりました。

さらに、私は、ベンジャミン・フランクリンの「時は金《かね》なり」という言葉も、もう一つの指標として使いました。

人間が持っている時間は同じですので、私は今も、「どのように時間を使うか」

ということから、一日を組み立て、一カ月を組み立て、一年を組み立てていきます。この時間の使い方が、仕事の成功を決めていくため、結局、「時は金なり」になるのです。

一方、「知は力なり」というのは、フランシス・ベーコンという近世イギリスの哲学《てつがく》者の言葉ですが、これはおそらく、ソクラテスであろうと、プラトンであろうと、アリストテレスであろうと、孔子《こうし》であろうと、みな理解していたことだろうと思います。やはり、知っているということは力なのです。

例えば、「孫子《そんし》の兵法」について考えてみると、『孫子』は非常に短いものではありますが、「孫子の兵法」を勉強した人と、していない人が戦《いくさ》をしたら、結果は、大違《おおちが》いになるわけです。まったく読んでいない人が戦をしたら、あっという間に負けてしまうでしょうし、少数の相手にでも負けてしまうことがあるのです。

さらに、「孫子の兵法」を勉強している者同士で戦った場合、「それを、どう応用し、現実の戦いに使うか」で、軍師の力の差や大将の力の差が出て、勝ち負けが決まっていくようなことがあります。

「孫子の兵法」は、現代でもまだ使われていて、イラクで湾岸《わんがん》戦争を指揮したアメリカのコリン・パウエル統合参謀《さんぼう》本部議長（当時）なども読んでいたようです。つまり、今の米軍でも、まだ、「孫子の兵法」を勉強するわけです。

『孫子』は、極《きわ》めて短いものですが、読む人の立場相応に理解するものが違ってくるので、何を重点に理解するかというところがありますし、やはり、「知らない」ということは「負けてもしかたがない部分がある」ということです。

「孫子の兵法」だと分かりにくければ、将棋《しょうぎ》を例に挙げてみましょう。

将棋の世界には、将棋の名人などの偉《えら》い人が書いた、「定跡《じょうせき》」という基本的な〝ルール〟が載《の》っている〝ルール本〟があります。要するに、攻《せ》め方や守り方の〝ルールブック〟があって、だいたい百種類ぐらいが書いてあるのです。

これを一冊マスターしている人と、それをまったく知らずに将棋の駒《こま》の動かし方だけを知っている人とが戦ったら、やはり定跡という〝ルール集〟を覚えている人が圧勝しますし、おそらく百戦百勝になるはずです。

もちろん、定跡を研究している者同士で戦ったら、「どのくらい研究が進んでいるか」によって、戦いの勝敗が出るし、才能の差も出るのですが、まったく知らない者は、勉強している者に勝てないのです。

十年後、二十年後に次の成功をもたらす勉強法

同じようなことがほかにもあり、例えば、文系の人でも、多少なりとも理系の教養を持っているかどうかで、仕事の際に、ずいぶん差が出ます。

会社に勤めた場合、メーカーならば、ものをつくっているし、商社であれば、ものを扱《あつか》っているわけですが、そのなかで機械を売ったりもしているでしょう。

ただ、そのようなものが理解できるかどうかは、「少しでも理系的な教養があるかどうか」によって、ずいぶん差があるのです。

例えば、医療《いりょう》について勉強している人は、医療機械などについて分かりやすくなるということです。

あるいは、理系で、医学部へ行った場合はどうでしょうか。

今、病院では、サービスアップなどにも取り組んでいますが、経営学として、マーケティングやサービス系の勉強を少しでもしたことがある人は、まったく勉強したことのない人に比べて、発想的に差がつくようなところがあるでしょう。

したがって、学校でよい成績を取ろうとしたら、絞《しぼ》り込《こ》みをかけて、その絞り込んだものを繰《く》り返して吸収し、マスターして、出題者が要求するような答えを書く能力を身につければ、よい成績が取れますし、卒業して、いい就職先へ進めます。これは一つの成功法です。

ただ、逆説的にも思えるのですが、その正反対の矛盾《むじゅん》する部分、つまり、関係ないものについていろいろ勉強して身につけた力が、別なところで、料理でいうと、いわゆる味付けの〝秘伝〟の部分として、その人とほかの人との違いとなって出てくるのです。

ここが難しいところではあるのですが、いずれにしても、ワンパターンの人間は、成功が一定のところで止まるのです。

例えば、雑学しかできなかった人は、雑学を仕事にするような世界にしか生きられません。雑学が好きな人は、一流新聞社には就職できないのですが、二流週刊誌あたりに就職すると、その雑学が効いてきます。普通《ふつう》の人が読まないようなものに関心を持って、読んだり見たりしていたら、そういうところあたりへ行くと、重宝《ちょうほう》がられたりすることもあるのです。

そういう人の場合、「君、今度、歌舞伎町《かぶきちょう》へ行って、取材してきてくれるか」

と言われたら、「分かりました。その筋《すじ》については、よく知っています」という感じであり、それについての記事も書けます。

逆に、一流大学で、「優」をたくさん並べたような人の場合は、歌舞伎町へ行って取材しても、記事は書けないでしょう。「これは、正統な学問と関係ありません。社会学的研究ですか？」というような感じになってしまいますが、それでは駄目《だめ》です。

それぞれの「生き筋」はあると思いますが、時間効率を上げて、本業のところはグーッと効率よく成績を取るようなやり方をしながら、自分の専門と少し距離《きょり》のあるものも、興味・関心を少しずつ増やしていく努力をしたほうがよいでしょう。それは、一年でできるか、五年でできるか、十年でできるか分かりませんが、これを併行《へいこう》して走らせることができたら、五年後、十年後、二十年後のあなたに次の成功をもたらす鍵《かぎ》になることがあるのです。

8　異質な分野の勉強で「イノベーション」を起こす

イノベーションは「異質なものの結合」によって起きる

それから、業界や会社もいろいろ変わっていきますので、イノベーションが必要になります。

では、「イノベーションの原理」とは、結局何でしょうか。

やはり、異質なものを知っていなければイノベーションは起きません。要するに、自分がしたことしか繰《く》り返せないという〝竹槍《たけやり》で突撃《とつげき》ばかり繰り返している戦い方〟をしていたら、イノベーションは起きないのです。

そういう意味で、ほかの考え方や学問を知っている場合、それらを結合することによって、新しい考え方が生み出されることがあります。

このあたりは、評論家等で活躍《かつやく》している人であればよく知っているでしょう。意外に、自分の卒業した学校の学部と違《ちが》う領域の勉強をした人が、それらを結合させるとどうなるかと考えたときに、「異質な目」ができてくるのです。ものの見方がほかの人と際立《きわだ》って違うために、みなの目を引いて、「こいつはすごいな」「なぜ、このような見方ができるのだろう」という感じで、読者や出版社を惹《ひ》き付けたりするようになるわけです。

経済評論家・長谷川慶太郎《はせがわけいたろう》氏の異質な経済分析《ぶんせき》

例えば、長谷川慶太郎《はせがわけいたろう》氏は、八十六歳《さい》にして現役《げんえき》の評論家ですが、彼は遅咲《おそざ》きの人で、初めて本を書いたのは五十歳を過ぎてからです。

意外に、活動時期が私とそれほど変わらず、私の少し前ぐらいに出てきた人なのです。

もともとは大阪《おおさか》大学の冶金《やきん》学科で非鉄金属の研究をしていた理系出身の人でした。その後、業界紙を扱《あつか》う新聞社に勤めています。そこは、日経新聞のようなメジャーな経済紙ではなく、メーカーの人などが読むような工業系の素材や材料などの記事を集めて載《の》せる新聞を扱うところだったと思います。さらに、株式関係の新聞社などに勤め、五十歳過ぎまでそのような仕事をしていました。

ただ、工学部出身なので金属系の知識に非常に強く、材料にも詳《くわ》しいのです。そのため、株をやるにしても、「どこの株が上がるか」を考える上で、「どこそこで何が採れて、その産出量が増えている。そうしたら、これは値段が上がるか上がらないか」「金が採れた。銀が採れた。銅が採れた。アルミニウムが採れた。石油が出た。石炭が出た。それでどうなるか」というような予測が立つわけです。

つまり、仕事的には国際エコノミスト的な部分を持っていますが、理系的な素質も持っているため、そちらの発想からいくのでしょう。新聞等に出ている資料などを見ていったら別の発想が湧《わ》いてきて、ほかの文系の評論家が言えないような目を一つ持っているわけです。

生涯《しょうがい》学習では自分の専門を広げ、それらを合体させるような勉強を

同じく、ある人によれば、「株式関係の新聞社に勤めていた時代の長谷川さんは、空《あ》いている時間に膝《ひざ》の上に外国語の原書を広げて、辞書を引きながら読んでいた。それも、中国語やロシア語など、多言語まで読んでいた」というようなことを言っていました。

もし、ロシアの新聞を読めたら、「ロシアに関連する銘柄《めいがら》の株がどうなるか」というのは、よく分かります。ただ、読めない人にとっては分かりません。アメリカ系の記事しか読めない人だったら、ロシアの記事は分かりませんが、読める

人には、「相場がどうなるか」が分かるのです。そのような研究をしていたらしいのですけれども、メリットはあるわけです。

その意味で、生涯《しょうがい》学習は、いろいろと自分の専門を少しずつ周りに広げていって、違うものも勉強し、それらを合体させていくというやり方があるのです。こういうことも「強さ」はあると思います。

したがって、「ほかの人が読めないものを読める」「ほかの人が発想しない地点から発想する」という目を持っていることは、大きいだろうと思うのです。

自分の本業をマスターしつつ、それ以外の専門を広げていく

また、渡部昇一《わたなべしょういち》氏もそういうことはよく言っています。

つまり、「学者として成功するためには、三十代までに自分の専門で世界的な業績をあげなければいけない。そこまで行かなければ、ものにはならない。ただ、

三十代までに世界的業績まで行ったら、その人がほかのところについて意見したり、本に書いたりしても、あまり批判されたり文句を言われたりしなくなるので、やりやすくなる」ということです。

当然ながら、そうなるまでは知識の蓄積《ちくせき》が要《い》ると思いますが、本業が一定のレベルまで行けば、ほかの本が出せるようになって、発言ができるようになります。それについては、別に、専門家ではないから気軽に書くこともできれば、いろいろな本を読んでも構わないことになるわけです。そういう意味で、活躍の範囲《はんい》が広がるということです。

例えば、英語学者であっても、英語以外に日本の歴史に関心を持ち、英語学者の目で日本の歴史を見たら、全然違うように見えるでしょう。英国史を見ながら、日本の歴史と比較《ひかく》してみたら、全然違うような面が見えてきたりするので、日本史の専門家が書いたものとはまったく違う目で分析《ぶんせき》できるはずです。また、人がそれを読むと面白《おもしろ》く感じるようになるわけですから、これはもう一段の成功がありえるでしょう。

「知は力なり」で、一般《いっぱん》的には、ある程度まで学校秀才《しゅうさい》的なものが知力の基盤《きばん》になりますし、本業は手を抜《ぬ》いてはいけません。

しかし、持っている時間を有効利用し、本業以外の時間を生み出して、それ以外の参考書や準参考書、その他の教養書、趣味《しゅみ》の本、いろいろなものに手を出していって勉強を深めていった人は、「イノベーションの原理」が起きるので、さまざまなところに影響《えいきょう》が出てくるでしょう。

幅広《はばひろ》い教養が背景にある意見は、専門家でも簡単に批判できない

私も、幾《いく》つかのジャンルについて同時併行《へいこう》で走らせています。それぞれどこかで勉強を始めて、ストックを溜《た》めていったものが、一定の〝臨界《りんかい》点〟を超《こ》えると、

本にして出せるぐらいのレベルまで行くのです。

ただ、それについて本にして出せはするものの、それ以外の目も持っているので、やや違いがあるわけです。

例えば、私が憲法論を書くと、ある憲法学者の意見では、「憲法学者としては、それについて異論を言いたいという気持ちは出る。しかし、大川総裁が言っている憲法論は、憲法だけを読んで憲法を述べているわけではない。政治や国際情勢、経営等、ほかの学問を勉強した上で、いろいろなジャンルの教養を背景に持ちながら述べている。憲法を哲学《てつがく》として見て、『日本の憲法の哲学はどうなのか。世界水準と、歴史的に見てどうなのか。どうあるべきなのか』というような発想が入っているので、この部分には手が出せない」という感じがするようです。

要するに、批判したくても、その部分は手を出せないわけです。その人は憲法だけを学んでいるので、それ以外のことは分からないのでしょう。

上に立つ者は、本業以外の勉強も続けていく努力を

以前、国会で「特定秘密保護法」が議論されていたときに、東大の刑法学《けいほう》の先生だった藤木英雄《ふじきひでお》氏の霊言《れいげん》を収録したことがあります（『「特定秘密保護法」をどう考えるべきか』〔幸福の科学出版刊〕参照）。あの人が亡《な》くなったのは、四十五歳ぐらいであったと思います。

その人について、私が学生のとき、授業中に東大の民法の平井《ひらい》先生が、「藤木先生はすごい秀才で、東大の〝三冠王《さんかんおう》（トリプルクラウン）〟でした。四十五歳ぐらいまでで、著書が三十冊もあります。私など一冊もないのですが、三十冊もあって大変な秀才だったようです。私は民法学者なので、刑法の本は一冊も読んでいませんが、すごい人らしいです」というような紹介《しょうかい》の仕方をしていました。

ただ、東大の教授や法律の教授は、将来、最高裁入りするような場合もありま

す。そういうふうになろうと思ったら、やはり自分の専門以外の勉強を少しずつでも続けていくべきです。「刑法は分かりません」「憲法は分かりません」と言っていたのでは、最高裁の判事などにはなれないですから、そういうことも続けていかないと駄目《だめ》でしょう。そのようなところはあるように思います。

したがって、本業のほうを時間的に早くマスターできるということは、非常に重要な力だと思います。

そして、余力があれば、ほかのものも少しずつ勉強して、それが混線しないように上手に学んでください。

参考レベルのものは参考レベルのものとして見切って、とりあえず知っていればいいと思います。あるいは、「重要な部分だけ知っていればいい」という読み方ができることが大事です。そうすると、構造が二重三重になっていきますし、同時に併行《へいこう》していろいろなものを進めていけるようになります。

9 「分からない」ことに耐《た》えつつ「文脈推理法」で読んでいく

複数の勉強を進めていくためには「時間」と「空間」に工夫《くふう》が必要なお、いろいろな勉強をしていくための工夫《くふう》ですが、勉強するものを「時間で分けていくやり方」と「空間で、場所的に分けていくやり方」が基本的にはあると思います。

例えば、今、私は三男から「どうも、おかしい」と〝突《つ》き上げ〟られています。「パパは『大学の勉強をした』『英語の勉強をした』と言ったり、『散歩をしていた』『ほかの本も読んでいた』というようなことを本に書いたりしている。さらに、『東大の剣道部《けんどう》にもいた』という話もある。いったいどうなっているんだ？　そんなのできるわけがないじゃないか。その上、『家庭教師もしていた』という話だけど、家庭教師をしたら時間がかかる。いったいどんな時間の使い方をしていたんだ？」ということらしいのです（『太陽の法』『知的青春のすすめ』〔共に幸福の科学出版刊〕、『大川隆法政治講演集２００９　第４巻　志《こころざし》を崩《くず》さない』〔幸福実現党刊〕等参照）。

ただ、もうだいぶ前になるので、私もよく分かりませんし、もしかしたら美化されている可能性もあるのですが、例えば、「夕方に散歩していたというのは嘘《うそ》か」といったら、そんなことはないのです。夕方にはもう帰っていたような気がするので、散歩していたと思います。朝の授業が多く、法学部は八時半ぐらいから始まっていたので、午後の二、三時ぐらいになったら終わることが多かったと思うのです。

つまり、夕方からは時間があったし、私は法律の本ぐらいなら電車のなかで十分に読めました。さらに、トイレのなかでも、法律の本や英語の本が読めたし、喫茶店《きっさてん》へ行っても、専門的な本や語学の本も読めたのです。

これは、「場所」や「時間」によって勉強するものをいろいろ替《か》えて、飽《あ》きないように併行《へいこう》してやっていると、トータルで〝収穫量《しゅうかく》〟が増えるやり方です。

「場所」や「時間帯」を変えることで、〝収穫量〟を増やしていくわけです。

例えば、喫茶店なら喫茶店へ行くときには「これを読む」と決めておけば、それができるようになるのです。

喫茶店《きっさてん》に籠《こ》もって英字新聞を読んでいた渡部昇一《わたなべしょういち》氏

これに関して述べると、渡部昇一《わたなべしょういち》氏は、「タイム」や「ニューズウィーク」を読むのが、やはり難しかったそうです。

当時、渡部氏は洋行《ようこう》帰りで、ドイツやロンドンを回ってから大学の英語の先生になり、年齢《ねんれい》は三十歳《さい》ぐらいでしたが、「それなのに、『タイム』や『ニューズウィーク』がスラスラ読めないというのは、実に恥《は》ずかしいことだ」と思い、「何とかしてこれを読まなければいけない。〝餌《えさ》〟で釣《つ》らないかぎり、これは進まない」と見て、「タイム」や「ニューズウィーク」を持って喫茶店《きっさてん》へ行っていたようです。

ただ、「全部の記事は読めない」と述べていますから、とても謙虚《けんきょ》だと思います。「一冊全部を読んだ」と言ったら〝ホラ〟になるかもしれませんが、全部を読む学力がないので、読むところを決めて、自分が知っている内容を読んでいったようです。

つまり、関心のあるところやコラム、自分の専門に関係あるところなどでしょう。「ここを読む」というのを決めて、そこを読み終えるまでは、コーヒー一杯《いっぱい》で粘《ねば》って読んだそうです。

「最初は、それ以外に手を出さず、辞書も引いて読んだところだけを切り取り、『タイム』なら『タイム』の表紙を破って、その裏にパーンと読んだ記事を貼《は》る。ホッチキスで留《と》めておけば、ほんの一、二ミリの厚さにしかならないので、取っておいてもそんなにたくさんの量にはならない。ほかの読めなかったところは、取っておいてもどうせ意味がないので、捨てても構わない。そうすれば、たくさん置いておける。それをずっと何十年も取っていた」というようなことを書いていました。

これは、非常に〝救われる〟考え方で、私も「ああ、そうか。英語の先生でも十分に読めないんだ」と、本当にホッとしました。

あのころに、「語彙《ごい》というのが、どれほど大事か」ということに気づいたのです。

当会も、中高から大学に向けて英語の本をたくさんつくっていますが、「語彙がなければ、欧米《おうべい》の文献《ぶんけん》が読めない」ということに気がついたので、そこに非常に力を入れているはずです。やはり、語彙を一定以上持たないと読めるようにはならないでしょう。

しかし、学校教育だけでは数千語のところで止まるので読めません。数万のレベルまで行かないと読めないので、努力しないかぎり、絶対に克服《こくふく》できないのです。

ネイティブと渡《わた》り合えるだけの実力をつける英語の勉強法とは

確か、野村證券《のむらしょうけん》を経由して国際的に活躍《かつやく》した方が書いていたと思いますが、海外へ行って、ネイティブに引けを取らないぐらいまで英語が使えて、しゃべったり、書いたりできるようになった人は、みな必ず同じことをしているそうです。

そこには、「全部は無理なので、英字新聞の場所を決める。一ページなら一ページ、あるいは、経済なら経済、ポリティクス（政治）ならポリティクス、ファイナンス（金融《きんゆう》）ならファイナンスでもいい。自分の専門について、最初はとにかく土曜日か日曜日に籠《こ》もってでも、全部分かるまで辞書を引き、単語を調べ上げ、単語帳をつくったり、その記事をファイルして貼ったりして、覚える努力をする。それをやらなかった人で、英字新聞を読めるようになった人には会ったことがない」というようなことが書いてありました。

私は、「ファイリングは、時間の無駄《むだ》があるから気をつけろ」ということも述べましたが、実際は、社会人になってアメリカへ行ったときには、「ニューヨーク・タイムズ」が読みやすかったので、特に経済・金融欄《らん》を土日に切り抜《ぬ》いてファイリングしていました。辞書で調べて、全部分かるところまで勉強していたので、ほかのところよりも経済記事や金融記事は、パッと見てサッと読めるようになってはいたのです。

それ以外に、会社の書類もありますが、仕事上、他の金融関係や銀行、あるいは、いろいろリサーチしているような会社などから英語のレポートがたくさん送られてくるので、これらを読んでいました。

もちろん本業があり、精読しているほどの暇《ひま》はないので、短時間で読まなければいけません。そういう意味では、「読む」というよりは「探《さが》す」という感じで、そのほうが早いため、記事に何か載《の》っていないかを見ている感じで、探して読んでいました。そのようなことが、そうとう陰《かげ》の力になっているのだろうと自分では思います。

最終的には「文脈推理法」で言葉の意味を理解する

なお、一つ述べておきたいのは、日本に来た外国人から見れば、「日本の新聞を読むのは、非常に難しい」ということです。

実は、日本の新聞には、辞書を引いても読めない部分があります。見出しの言葉などを辞書で引いても出てきません。それは、簡略化した言い方をしているからです。

さらに、日本で話題になっていることを知らなければ、内容が分からないものがあるわけです。そういう意味では、同じ限界は、日本人が英語の新聞を読んだときにもけっこう出るでしょう。こうした「分からないもの」に耐《た》えていかなければいけません。

つまり、調べて勉強して、一定のところまでマスターしなければいけないのですが、次は、「調べなくても分かる技術も身につけなければいけなくなる」ということなのです。

私も考えてみたら、小学生のころと中学一年生ぐらいまでは、文庫本で小説などを読みながら、知らない単語や言葉が出てきたときには辞書を引いていた覚えがあります。国語辞典も引いていたし、読み方が分からないようなものであれば漢和辞典も引いていた記憶《きおく》がありますが、中学二年生以降はそうした記憶があまりないのです。

おそらく、学校の授業で、教科書の現代文や古文、漢文等を教わり、試験勉強の際には辞書を引いて調べていたのだろうと思いますけれども、読書等であれば辞書を引いてまで読んではいなかったように思います。

また、最初は、新聞の言葉も非常に難しいのですが、新聞を読んでいる人を見たら、結局、辞書を引いて読んではいません。

つまり、「次は、一個一個の言葉が押《お》さえられなくても意味は分かる」という練習も同時に要《い》るということです。

もちろん、「マスターもしなければいけない」「語彙を増やさなければいけない」ということもあるでしょう。ただ、全部調べて読むだけの時間はありませんので、「分からないことに耐えて読んでいくうちに、だんだん分かってくるようになるという過程も要るのだ」ということを、知ったほうがよいと思います。

これは、いわゆる「文脈推理法」です。「文の流れから見たら、そこに書いてあることは、こういう意味でなければいけないはずだ」ということです。

例えば、その日の新聞では言葉の意味が分からなかったけれど、別の日の新聞を読んでいたら違《ちが》うかたちで解説していることがあります。そうした使われ方を何通りか見ていると、「ああ、これはこういう意味なんだ。そういう言葉なんだな」という定義が分かってくるようなことがあるのです。

新聞の専門的用語も「文脈推理法」で分かるようになる

例えば、経済新聞を読んでいるからといって、いつも経済辞典を引きながら読めるかといえば、なかなか、そんな簡単にできることではありません。特に社会人になれば、そうでしょう。

以前、私は、「大学に入った時点では、朝日新聞の一ページ目から最後のページまでの全部を読むことは、かなり難しかった」ということを正直に申し上げたことがあります（前掲《ぜんけい》『知的青春のすすめ』参照）。

やはり、政治欄や経済欄、国際欄など、どれもかなり難しいのです。はっきり言って難しいものがあります。ただ、一学期ぐらいの間、ずっと最後まで読み通していくと、だいたい分かるようになってきました。

特に、私はテレビを持っていなかったため、「国際欄のニュースが分かりにくい」というハンディがありました。新聞だけでは国際ニュースが分からないのです。「動き」が見えないので、活字だけだと分からないわけです。

その後、テレビが買えるぐらいの収入があるようになってからは、テレビがたまに観《み》られるようになりました。テレビを観ると、確かに国際ニュースはよく分かります。やはり、外国のことは、映像と音声のほうがよく分かるわけです。

いずれにせよ、分からなくても、同時にそれを読み抜いて分かるようになっていく努力が要るわけです。

また、以前にも話しましたが、東大法学部の卒業生でも会社に勤めると、みな、日経新聞を読んでいますので、私も読み始めました。しかし、半年ぐらいは、日経新聞が難しくて、なかなか理解できなかったことを恥ずかしながら正直に告白します（『英語が開く「人生論」「仕事論」』〔幸福の科学出版刊〕参照）。

やはり、そこには習っていない語彙や専門的な言葉がたくさん出てくるのですが、先輩《せんぱい》からは、「隅《すみ》から隅まで、全部、分かるようにならなければいけないのだ。財務部に勤めている人間としては、全部、分からなければ駄目《だめ》なのだ」ということを言われるわけです。

日経新聞には、たまに用語の説明はありますが、全部には書いてありません。

ただ、これらが分からなくても読み続けるうちに、「文脈推理法」によって、似たようなシチュエーションで繰《く》り返し使われる言葉や用語は、「だいたい、こういう意味以外にはありえない」ということが分かってくるようになります。こうした文脈から見たら分かるわけです。

子供の言葉の覚え方は「外国語学習法」に通じる

実は、日本人が日本語を学ぶときも、これと同じなのです。

例えば、小学校低学年のときには、新しい言葉について、全部、辞書を引いて調べているわけではないでしょう。両親の会話やきょうだいの会話、それから先生の会話などを聞いてきて、「○○と言っていたけれども、これはどういう意味？」と親に訊《き》くこともありますが、あまり訊きすぎると、「うるさい」と言われて怒《おこ》られるわけです。

　また、テレビを観ていても分からない言葉が出てくると、「これは、どういう意味？」と訊いて、親が答えてくれることもありますが、答えていたら、テレビの内容が分からなくなることがあるので、答えてくれないこともあります。

　それから、私がたまたま〝禁じ手〟の言葉について訊いてしまって、父親の顔色が真《ま》っ青《さお》になったため、「これは訊いてはいけない言葉だったのだ」と感じたことがあります。

　雑誌のなかに、女性のある機能について医学・生理学的な用語で書いてある記事があったので、「これは、どういう意味なの？」と父親に訊いたら、顔色が真っ青になり、「お兄ちゃんに訊きなさい！」と言って逃《に》げたのです。それを見て、「これは訊いてはいけない単語だったのだな」ということが分かりました。そういうことがあるので、教えてくれないものもあります。

　ただ、子供は、大人の会話の意味が分からないときに聞いているのですが、聞いているうちに覚えていることは、そうとうあります。

これはネイティブの条件ですし、日本人でも同じです。会話を聞いているときに、「こういう文脈のなかで、その単語を使うのだな」と思っていたことが、テレビのなかで流れてクロス（交差）してくると意味が分かってくるようになるわけです。

このように、「〝guess《ゲス》〟（推定）して言葉を覚える」ということは多く、これは「外国語学習法」の条件にも残るものです。できるだけ文法をマスターして、語彙を増やさなければ力はつきませんが、「最後に〝guess〟の部分は残る」ということを知っておいたほうがよいでしょう。

10 「ポジティブ・リーディング」のすすめ

清水幾太郎《しみずいくたろう》氏の「ポジティブ・リーディング」に学ぶ

私は、『核《かく》か、反核か――社会学者・清水幾太郎《しみずいくたろう》の霊言《れいげん》――』（幸福の科学出版刊）において、清水幾太郎氏の外国語の本の読み方について書いたことがあります。彼は洋書をずいぶん読まれた方で、「ポジティブ・リーディング」をしていたのですが、そういうことを言っている人は、私の記憶《きおく》では一人だけしかいません。

「たいていの日本人は、九十五パーセントの単語を知っていても、五パーセントの単語を知らないと、『分からない』と言って音《ね》を上げる。受験英語などでも、そうだろう。五パーセントぐらいの単語が分からないだけで、『文章が分からない』と言うけれども、それはおかしい。九十五パーセントの単語を知っているのなら、だいたいの意味は取れるはずだ。

そんなことを気にしていたら、本など読めやしない。分からないところを分かろうとするのではなく、洋書を読むときには、自分が分かるところに赤線を引きながら読んでいくと、『赤線を引いたところだけは分かっている』『読み終えた』と実感するし、それがサブノートの代わりになる。そういうかたちで、数を読んでいるうちに、だんだん分かってくるようになるのだ」

このようなことを、清水幾太郎氏は言っているわけです。これは達人の言葉なので、普通《ふつう》の人がついていけるかどうかは分かりません。

清水幾太郎氏は、獨協《どっきょう》中学を出ているので、第一外国語のドイツ語はよく分かったらしいのですが、英語などは大学から始めたため、遅《おそ》かったようです。彼は、英語やドイツ語、フランス語、ロシア語、その他、かなりの外国語を読めたので、社会学者としても、そうとう文献《ぶんけん》が読めたわけです。

このように、「学者として大成して大量の著作物が書けることと、読む速度とは関係がある」ということは、私も分かってきました。

私が大学生のとき、政治学の先生の研究室に行くと、英・独・仏の本がたくさん並んでいました。三十畳《じょう》ぐらいの研究室の本棚《ほんだな》にある先生の蔵書《ぞうしょ》を引き出して、読んでいるかどうかをチェックすることは、失礼に当たるのでしませんでしたが、パッと見て、だいたい三千冊ぐらいの英・独・仏の本がありました。

それを見て、「これらの本を読むだけで、この人は一生が終わるのだろうな」ということは、すぐ直感的に分かりました。さらに、「全部の本を読めないから、結局、本が書けずに終わっていくのだろうな」ということまで分かりました。

要するに、アウトプットができない研究で終わるぐらいであれば、清水幾太郎氏のように、ある程度、自分が分かるところだけでも追っていって読んだほうがプラスになります。そういう読み方もあるわけです。

彼は、「読みたい英語の本があれば、英語の本で身の回りを固めておけばよいのだ。たくさん積み上げて、とにかく目につくところに置いておくことだ。置いておくと手が出るようになるので、読むようになる。また、自分の専門ではないと思うところは、気楽に読んだらよいのだ。もっとポジティブに、読めるところだけを読んでいけばよいのだ」というようなことを言っています。

そういう考えであれば、英語や外国語にも使えますし、日本語にも使えるのです。

専門外については「超《ちょう》高速の読み方」ができる

例えば、自分の専門が宗教であれば、宗教についてはプロとしての読み込《こ》みが必要だと思います。ただ、専門ではない分野の本もたくさんあるので、それら全部を詳《くわ》しく知る必要はありません。サラッと知っていればよいわけですから、これについては、当然、「超《ちょう》高速の読み方」ができます。

そのため、理系の人たちにはたいへん申し訳ないのですが、私が理系の本などを読むことは簡単なのです。要するに、「理解しなくても構わない」「覚えられなくても構わない」ということであれば、こんなに楽なことはありません。先端《せんたん》の物理学の本であろうが、医学の本であろうが、何の本であろうが、パラパラッと読んで分かったところだけに線を引いておけばよいのです。それ以外は、どうせ分からないのだから、気にしないで、「読んだ！　一丁上がり！」と思うことです。そして、必要があれば、また読めばよいわけです。

要するに、「読んだ」という記録だけあればよいのです。「この人が、こういう本を書いていた」「こんなことも少し言っていたかな」というぐらいのところは理解しているのですが、あとは気にしていません。

そのように、自分の専門外のものは、わりと簡単にザーッと〝ザル読み〟をしながら、記憶だけは留《とど》めておいて、必要であれば繰《く》り返し読むことです。そして、だんだんに覚えている量が増えてくると、準専門的な雰囲気《ふんいき》になってきます。それが一定のレベルまで行くと、専門が幾つかあるようなレベルまで上がってくるのです。

このように、「自分の専門以外のところについては、百パーセントの理解はできない」という断念をしながら読むわけです。つまり、「見切り」です。見切りをして、部分的にマスターしていく場合であっても、知らないよりは知っていたほうがよいでしょう。そういう考え方で読んでいったほうがよいことを知りました。

「一年間に千冊は読みなさい」という行基菩薩《ぎょうきぼさつ》の指導

これは、一九九二年ごろ、私が天上界《てんじょうかい》の行基菩薩《ぎょうきぼさつ》から専門のことについて指導されたことなのですが、「宗教家なのだから、『宗教について知らないことがある』ということは恥《は》ずかしいことだ」という話でした。

「どんなことであっても、『聞いたことがない』ということであっては恥ずかしい。全部が全部、精読できないかもしれないが、一冊、五分でも十分でもよいので、宗教に関する本は、読んだことがないよりは、読んだことがあるほうがよいのだ。十分でもよいから、とにかく手を出しなさい。『知らない』ということがあってはならないのだ。『それは、どこかで見たことがある。聞いたことがある。見覚えがある』というレベルに最低でも食い込んでいなければ駄目《だめ》だ。やはり、一年間に千冊は読みなさい！」と言われたわけです。

今は、そんなレベルをはるかに超《こ》えた読み方をしていますし、年間何千冊でも読めるレベルまで行っています。

ただ、こうなるには、やはり「訓練」が必要でしょう。

私は、本の読み方にも濃淡《のうたん》をつけていますし、難しい本は一回でマスターできなくても気にしないで、だいたいの概要《がいよう》をつかみます。「だいたい、こういう傾《けい》向《こう》の本だな。こういう主張なのだな」とつかむわけです。あるいは、「あとがき」を読んだだけでも十分に概要がつかめる面もあります。

11「同時併行《へいこう》処理」で時間を有効活用する

現実には多くのビジネスマンが「速読」をしている

一回目は、その程度で、本を置いておけばよいでしょう。必要があれば、二回目、三回目と、どこかで読みたくなってくるので、そういう読み方を繰《く》り返していくことです。三回から五回ぐらい読むと、だいぶ細《こま》かいところまで内容を読み取れるようになってきます。そのように、「断念」しながら、量を重ねていくやり方が一つでしょう。

また、それでは情報処理には時間がかかりすぎるので、もう一つのやり方としては、「同時併行《へいこう》処理の訓練をする」ということです。

これについては、かなり嫌《いや》がる人が多く、昔は「ながら族」といわれて否定されていたことでした。ただ、時間は二十四時間しかなく、増やせないので、「ながら族、やむなし」というところでしょう。

例えば、「テレビのニュースだけを観《み》ている」というのは、時間の無駄《むだ》なので、やはり、「テレビのニュースを観ながら、何ができるか」ということを考えるべきでしょう。

「そんなにできない」と思う場合、くだらないニュースや、見たくもない殺人現場の報道などを必死になって観る必要はありませんので、「人がどこそこで死んだ」ということだけを知って、あとは本を読んでいてもよいわけです。

一般《いっぱん》的に簡単な方法は、「ニュースを観ながら、同時に新聞も読む」ということでしょう。「速読ができない」と言う人は多いのですが、現実にはニュースと新聞を同時に見たり、聞いたり、読んだりしている人はいるはずです。

例えば、ビジネスマンが新聞を読む場合、出勤時間という〝締《し》め切り〟があるので、隅々《すみずみ》まで丁寧《ていねい》に読めないでしょう。そのため、ほとんどのビジネスマンは、ある意味での「速読」というか、「スキップ読み」ができるようになっているはずなのです。「パラパラッと見出しを見て、関心があるところだけをきちんと読む」というような読み方ができているでしょう。そのように、片方ではテレビのニュースを耳や目から入れながら、もう片方では新聞などをスキップして読むようになっていると思います。

複数の新聞や英字新聞を読むための方法

さらに、新聞の数を増やしたりすると、それぞれを「点読《てんどく》」と言って、バーッと見出しを見てから、集中して読む部分を選んで、読んでいます。「これは、ほかの新聞に載《の》っていなかった記事だな」と思うところがあれば、そこを読み込《こ》むような方法もあるのです。

また、私は、仕事上、自分と違《ちが》う主張を一生懸命《いっしょうけんめい》に展開している新聞などを非常に注目して見ていて、「このニュースをこのように処理するのか。すごいな」と感じています。「まったく真《ま》っ逆《さか》さまの捉《とら》え方で書く」ということは、なかなか〝勇気〟の要《い》る考え方なので、ブレーン・ストーミング的には非常にいい面があります。

したがって、私はリビングで主要な新聞を読んでいますが、いちばん思想的に正反対のことが書いてあり、「赤旗《あかはた》」にそっくりと言われている東京新聞は寝起《ねお》きをしているところのリビングに置いてありますし、毎日新聞は仕事場のほうに一部置いてあります。他の新聞は英字新聞も含《ふく》めて食堂のほうで読んでいます。

英字新聞も三紙ぐらい読んでいますが、先に日本語の新聞のほうをザーッと国際欄《らん》まで読んでいれば、だいたいのニュースは分かっていますので、英字新聞を読むときにも、「バーッと見出しを見て、読むべきところはどこかを探し当てて、そこをザッと読む」という感じで読めば、時間の短縮を図《はか》ることができます。そうでないと、英字新聞を全部読むのであれば、一日中読んでいなければ終わらないでしょう。それをＣＮＮやＢＢＣを聴《き》きながら、同時に読むわけです。

12　大川隆法の「異質な発想」はどのように生まれるか

パソコンやスマホを使う人ばかりだった空港ラウンジ

このように、訓練をしていくと、情報処理の速度は上がってきます。そして、入ってくる情報は一部かもしれませんが、〝アンテナ〟に引っ掛《か》かった部分は、非常に注目すべきところなので、それを違う話にスッと入れると、話としては変わった感じのものができるわけです。

例えば、先日、北海道へ行ってきたのですが、行きはＪＡＬ《ジャル》のボーイング７７７《トリプルセブン》に乗りました。それは、本当はいい数字なのですが、以前、行方《ゆくえ》不明になったマレーシア航空３７０便も７７７ですし、ウクライナ上空で撃《う》ち落とされたのも777ですし、私が北海道に向けて乗っていたのも777なので、「うん!?嫌《いや》な感じだなあ」と思いました。

そんなことが、頭のなかでつながりながら、北海道へ飛んでいったのです。

また、今、時代が変わってきているので、「本の時代は、すでに終わった」と考えている方も多いでしょうが、私は、札幌《さっぽろ》へ行った帰りに、新千歳《しんちとせ》空港のエグゼクティブラウンジに案内されて、飛行機が出るまでの間、本を読んで待っていました。

若干《じゃっかん》、スターバックス風に椅子《いす》が横並びになっているようなラウンジでしたが、周りを見たら、ほとんどの人がパソコンを開けたり、スマホ（スマートフォン）をいじったり、携帯《けいたい》電話等を持っていたりしていました。ラウンジのなかにいる人の九割が機械をいじっていて、残りの一割ぐらいが新聞や雑誌を読んでいたわけです。一部には、本を読んでいる人がいたのですが、それはなんと、私と私に同行しているスタッフだけでした。それ以外に、ラウンジで本を読んでいる人は一人もいなかったのです。

そのため、私は、「もしかしたら、ものすごい〝浦島太郎《うらしまたろう》〟になったのかな。今どき、こんなところで本を読む人は、〝狂《くる》って〟いるのかもしれない」と感じてしまい、こちらのほうが恐縮《きょうしゅく》してしまったのです。

インターネットなどでいろいろと調べている人たちの横で、『プルターク英雄《えいゆう》伝《でん》』などを精読している人間が座《すわ》っているわけです。『プルターク英雄伝』に出てくるテミストクレスの話を一生懸命《いっしょうけんめい》に精読している様子は、実に変わっています。

史実に忠実に描かれた映画「300〈スリーハンドレッド〉」

そのとき、私の頭のなかは、〝別なところ〟とつながっていました。

ギリシャの歴史をテーマにした、「300〈スリーハンドレッド〉」という映画があります。

一作目は、「スパルタの王以下精鋭《せいえい》三百人が、押《お》し寄せてくるペルシャの大軍を山の狭《せま》い間道《かんどう》で食い止める」「三百人の英雄たちが百万人の軍隊を食い止めて戦う」という話でした。非常に剣技《けんぎ》がかっこよく、血がパーッと飛び散るような変わった映像ではあるのですが、ファンになる人もいることはいるようです。

また、なぜか、スパルタ軍は腰巻《こしま》きのようなもの以外は丸裸《まるはだか》で、刀で斬《き》り合っているのですが、裸の場合、刀が触《ふ》れたら切れるため、何かを着ていないと困るのではないかと思います。要するに、肉体美を見せたいために、裸で〝チャンバラ〟をしているわけです。ペルシャ軍は鎧《よろい》を着ているのですが、スパルタ軍は裸で斬り合っているのです。

そして、スパルタ軍のなかで一人だけ裏切り者が出ます。「せむし男」のような者が裏切って、ペルシャ軍に、「間道を通らなくても、山越《やまご》えによって後ろに回れる道がある」ということを教えたため、ペルシャ軍が山越えをして前と後ろから挟《はさ》み撃ちをし、スリーハンドレッド（三百人）が全滅《ぜんめつ》するのです。

それは、ヘロドトスの『歴史』という本を読んでみると、きちんと書いてあります。

そのスリーハンドレッドの戦いは、創作ではなく、実際にあったわけです。本当にスパルタの英雄たち三百人が激戦をしたのです。「ペルシャの万の単位の兵隊と戦って食い止めた英雄」として称《たた》えられたことが書いてありますし、一人が裏切って別の道を教えたために敗れたことも、きちんと書いてあるのです。

さらに続編として、「300〈スリーハンドレッド〉～帝国《ていこく》の進撃《しんげき》～」というサラミスの海戦に重点を置いた映画がありますが、そこでは、アテネがペルシャの陸軍に攻《せ》められてほとんど陥落《かんらく》し、炎上《えんじょう》している状態であるところが描かれています。人々は逃《に》げ惑《まど》っていて、神殿《しんでん》まで焼け落ちている状態でした。

ところが、テミストクレスは、アテネが焼け落ちる前に海軍をつくったわけです。ペルシャの海軍は、千数百隻《せき》もあってすごいのですが、アテネはわずかしかなかったため、急造して数百隻まではつくりました。「向こうのほうが数は多いけれども、とにかく海戦で勝たなければいけない」と思ったわけです。

また、陸戦では、ペルシャ軍の数にとても勝てないため、「首都のアテネを落とされても、海の上で船に乗っていれば、『アテネはここにあり』と言える。アテネは今、サラミスの海の上に浮《う》かんでいるのだ。もう、あちらが落ちても構わない。海戦で敵を撃滅する」というように考えて戦うわけです。

これは、『プルターク英雄伝』にはっきり書いてあります。「300〈スリーハンドレッド〉」は、創作でつくった映画だと思ったのですが、意外と史実に忠実に描いていているので少し驚《おどろ》きました。三百という数字や戦い方、あるいは、「ギリシャの政治家たちが、どういうときにほめられたのか。どこで失脚《しっきゃく》して消えていったのか」ということまで克明《こくめい》に書いてあるのです。

「映画」と「英雄伝《えいゆうでん》」を交錯《こうさく》させて異質な発想をする

このように、私が「かなり勉強になる。やはり、古典は教養になるな」などと思って読んでいる横で、みな、ゲームなどいろいろなことをしているような〝世界〟にいたわけです。そのため、「自分は進んでいるのだろうか、それとも後《おく》れているのだろうか」と考えても、判定不可能で分からないのです。

周りの秘書に訊《き》いたら、慰《なぐさ》めかもしれませんが、「先生、ああいう人たちはみな、ゲームをしているだけですから、バカになるだけなので、気にしないでいいですよ」と言っていました。そして、秘書のほうは本を読むか、私がつくった英語のテキストの単語を覚えるか、どちらかをしていたようです。

意外に、「『プルターク英雄伝《えいゆうでん》』のような古い本に線を引いて読みながら、現代のＳＦＸを使った映画の出来と比較《ひかく》して考える」ということは、ある意味では、〝ナウい〟のかもしれないと自分でも思います。

つまり、ほかの人がしていないことをしているわけです。「今の映画の評論と、昔の有名な英雄伝とを交錯《こうさく》させながら考えている」ということは、実は異質な発想をしているのです。

これは残念ながら、スマホからは取れない情報でしょう。間違《まちが》いなく取れない情報です。こういうところに違いが出てくるので、「そういうこともありうる」ということも述べておきます。

現代社会は便利になってきているので、今後は、そういう電気を使った機械で行うものが主流になっていくのでしょうが、私の感覚としては、多くの人が使わなくなるほど、希少価値が出てくるので、「きちんとした原本などを持っていたり、読んでいたりすると、驚くべき力が出ることはある」ということは述べておきたいと思います。

「収入」を上げて「空間」を確保する努力を

それは、あくまでも、収入や空間、住む部屋の確保ができるかどうかということと関連しています。

例えば、幸福の科学の職員は本をよく読む人が多いので、引っ越《こ》し業者が来ると、「幸福の科学の職員さんの引っ越しの場合は本ばかりが出てくる。テレビを持っていない人も多いし、ほかに大したものを持っていないのに本ばかり出てくる」とよく言われるそうなので、たいへん申し訳ないと思っています。

ただ、最近は、私がテレビ番組の話もするようになったので、テレビを買う人が出始めてはいるようです。

ある人などは、ドアの近くまで文庫本を積み上げていて、ドアを開けると文庫本が崩《くず》れ落ちてくるために、誰《だれ》も出入りができなかったといいます。

また、「本と〝結婚《けっこん》〟して、独身主義を貫《つらぬ》く」などと言っていたところ、本が〝発酵《はっこう》〟して〝毒素〟が回るといけないので、周りに無理やり結婚させられた人もいたようです。

確かに、狭い部屋のなかに本を置くと、「他人が入る余地がない」という面はあるかもしれません。それに対しては、「時は金なり」の反対である「金は時なり」ということもあるので、やはり収入を上げて、空間を確保する努力が必要になることもあるでしょう。

以上、いろいろなことについて話しました。重なったところもあるでしょうが、「仕事論につながる部分」と「学校的な秀才《しゅうさい》としてやるべき部分」の両方について説きましたので、私は、決して「片方だけでよいという考えではない」ということは言っておきたいと思います。

第1部では、「時間の有効利用」と「空間の使い分け」、あるいは、「人があまりしないことをすることが値打ちを生むこともある」「本の勉強の仕方にもレベル差はある」「勉強の仕方において無駄《むだ》な時間を使わないように気をつけよう」などということについて述べました。

第2部

質疑応答

二〇一四年七月二十四日　説法《せっぽう》

東京都・幸福の科学総合本部にて

付加価値を生む「記憶《きおく》力」の鍛《きた》え方

Q　大川隆法総裁は、膨大《ぼうだい》な量の情報を取得され、それを記憶《きおく》されていらっしゃると思いますが、記憶の整理方法についてお教えいただければと思います。よろしくお願いいたします。

蔵書《ぞうしょ》を持つための「将来の設計」が知的生活の支えとなる

大川隆法　その質問については、本当に申し訳ないのですが、「志《こころざし》の問題」であり、自分の将来を設計することが大事だと思うのです。

これは、私が、いまだに渡部昇一《わたなべしょういち》先生をずいぶんと立てて、尊敬している理由の一つではあります。

私が大学に入学したころに、ちょうど、彼の著書『知的生活の方法』がベストセラーになっていて、空間について、「結局、本の置き場というものがネックになる」ということを書いていました。

「学者でも、本の置き場がネックになる。３ＬＤＫのマンションに住んでも、本が置けなくなるので、研究としては限界が来る。大学に勤めている間は図書館があるから、そこの本を使えば、まだ研究はできるけど、大学を退官した瞬間《しゅんかん》にほとんどの人が何も業績が出なくなるのは、本が置けないからだ。その意味では、本を置くためにも、収入がある、お金があるということはいいことだ」というようなことを言っていました。

確かに、渡部先生も、いろいろとベストセラーになるような本を書いて副収入を得ることで、本を買うお金を得て、さらには、〝自宅図書館〟を拡張する資金も得たのだと思います。詳《くわ》しいことは知りませんが、今も、七十七トンもの鉄骨を入れた家に住んでいらっしゃるそうです。

これに関しては、わりに天啓《てんけい》のように閃《ひらめ》いたことではありました。

当時は、戦前の反省から共産主義運動が流行《はや》っていて、私の父親など、その年代の人たちのなかには、かなり左翼《さよく》系の革新思想のほうにかぶれている人がおり、少々金があるような人に対しては、「プチブル」などと称《しょう》してバカにする風潮がありました。清貧《せいひん》の思想の下《もと》、哲学《てつがく》青年のように生きるのがよいことと考える風潮が強かったのです。

そのようなときに、「ああ、そうか。お金で空間が買えるということは、時間が買えるということにもなるんだ」ということを知ったため、将来の職業設計の段階で、「学者の道に進んだ場合、給料が出るなら学者になってもよいが、勉強を続けるだけで給料が出ず、アルバイトをしながらの学者となると、きつい」と思い、土日が休みの商社で、「給料が少し高めであり、出世が早い」と約束してくれたところに入ることで、本代と勉強する時間の両方を確保したわけです。

「本を持っている」ことが最終的な〝武器〟になる

意外に、実生活においては堅実《けんじつ》で、経済設計ができる余力、要するに、「経済的余力」がないと、そうした蔵書はつくれません。そして、蔵書がつくれないことがネックとなるときは、必ず来ます。

大学の図書館のようなところで借りても構いませんが、その場合、必要なときに本がないことが多いのです。夜中に、急に読みたくなったりしたときに、手元に本がないのと、持っているのとでは全然違《ちが》います。

私は、就職するときに、高校時代や大学在学中に読んだ本で、もう要《い》らないと思われるものを、友達によって何百冊か捨てられた記憶はありますが、それ以外では本を捨てたことはなく、すべて持っています。

基本的には、読んで覚えたもの以外は信用していないのですが、「本を持っている」ということは、「いざというときには参照できる」ということですし、繰《く》り返し読むことで、暗記ができてくるのです。

今日は、参考書が何も要らないテーマで話をしていますが、例えば、新渡戸稲《にとべいな》造《ぞう》について話をするとしたら、新渡戸稲造の本は、当然、一通《ひととお》りすべて持ってはいますし、そのなかで重要な本については、繰り返し読んでいます。

そうすると、前の晩にそれを読むこともできますし、当日の朝でも、重要な本一冊ぐらいなら、五分もあれば、自分で線を引いたところだけをパパッと見ることで、だいたいの全体像は分かってしまい、すべて頭のなかで再現されます。

したがって、全部を覚えておこうとする必要はなく、いちおう参照して、本の内容がよみがえれば、それでもよいわけです。

つまり、「持っている」ということが最終的な〝武器〟であり、そうすると、いざとなれば調べられるのです。

私が学生時代から持っていた「ある能力」

ただ、私の場合、実際には見返さないことのほうが多く、覚えています。これについては、自分でも不思議に思いますが、本当に覚えているのです。

以前の法話《ほうわ》で、「大学時代のノートには、講義の内容は取っておらず、冗談《じょうだん》しか書いていなかった」などと言ったところ、みなに笑われたことがありました（前掲《ぜんけい》『青春マネジメント』参照）。一部の人からは、「幸福の科学大学でも、勉強しない学生が増えたら困る」ということで〝叱《しか》られて〟いるわけですが、おそらく、少しずつはノートに取っていたと思うのです。

ただ、三十数年たっても、その授業の内容は覚えています。これは不思議なことです。どうなっているのでしょうか。私は、あまりノートを取っていなかったような言い方をしていますが、ノートを取っていなくても、授業の内容は覚えているのです。

ですから、問題を見たら、必要なところや、先生が何を言ったかということなどは、すべて出てきます。そのため、ノートが要らないと言えば、ある意味では要らないわけで、ただ、みながノートを取っているから、しかたなく、取るふりをしたり、実際に取ったりしていたわけです。

聴《き》いているだけで覚えているのですから、実は、もう少しだけ能力はあるようです。耳と目と口が別に使えて、幾《いく》つかの情報を同時に処理できる能力があるようなので、一つにすると、能力的にものすごく力が余ってしまうのです。

大学時代の授業では、法律学等についても聴きましたが、不思議なことに、授業を再現しようと思えば再現できるぐらい覚えています。本当に不思議です。

特に、大学時代に読んだ本などは、今に比べれば少ない量ですが、やはり、お金が十分にはなかったこともあり、本は大切なものでした。どれを買いたいのかを選びに選んで、「これ」と思って買ったり、あちこちの古本屋をグルッと一回転してから戻《もど》って、そのうちでいちばん安く、きれいだった本を選んで買ったりするような努力はしていましたが、あまり買えなくて丁寧《ていねい》に読んだため、昔に読んだ本は、ずいぶん記憶に残っています。

途中《とちゅう》、数が増えてきたあたりで読んだ本については、ぼんやりとしている部分がありますが、必要になったときに調べれば、いつでもすぐ手に入るので、そのあたりは資金力が影響《えいきょう》するのでしょう。

宗教界にも必要な「知的情報処理の力」

以上のことから、たいへん申し訳ないのですが、宗教の世界にも、こうした

「知的情報処理の力」が及《およ》んでいるということを、やはり、ある程度は認めざるをえません。

ですから、「『聖書《せいしょ》』だけを読んで宗教を語る」「仏典《ぶってん》一書だけを読んで宗教を語る」ということについては、昔から「一書の人は恐《おそ》るべし」といいますし、『聖書』を丸暗記しているというのはすごいことで、昔で言えば学者に当たるのでしょうが、今だと、やはり、それだけでは足りないでしょう。

教会に来る人が少ない理由も、もう、神父《しんぷ》や牧師《ぼくし》の言うことが分かっているからでしょう。毎年毎年話していますから、言うことは分かっているのです。

やはり、幅広《はばひろ》く勉強して、それを『聖書』とアレンジし、教えのなかに、何か現代的な課題に立ち向かっていく部分があれば、面白《おもしろ》いから人は来るでしょう。ところが、それらの関係がつながらず、二千年前の話として授業的にしているだけだったら、人は義理で来ているだけになるでしょう。

膨大《ぼうだい》な情報を処理してつかみ出した〝砂金《さきん》〟が力になる

前述したような古典的なものも、私は、きっちりと勉強していたのですが、もう一つ、ジャーナリスティック、あるいは週刊誌的、新聞的、テレビ的とも言えるような、現代的、今日《こんにち》的な問題に対しても網《あみ》を張り、アンテナを張って見てはいます。また、それを、どのように評価するか、判断するかということに関しては、「蓄積《ちくせき》された思想や哲学から見るとどうなるか」という判定の仕方が、一つ出てくるわけです。

そうすると、他の人が、現代のものだけを読んで、ギャアギャアと議論、口論をしているなか、「違う目から見たら、これがどう見えるか」という、もう一つの視点が見えるのです。

おそらく、新聞社に勤めている人や、テレビ局に勤めていて、番組に出て解説したり、討論し合ったりしている人たちは、非常に賢《かしこ》い人たちなのだろうと思います。この世的には、本当によく勉強されて、普通《ふつう》の人たちが聞いたら、とても分からないような、難しい議論をしているのでしょうが、たいへん申し訳ないことに、私はそれ以外の観点から見ることができるために、「彼らはそれほど賢く見えない」という立場にあります。「どこが間違《まちが》っているか」ということがスパスパッと分かってしまったり、どこを引用しているのかが分かったりするわけです。

例えば、政治学者の丸山眞男《まるやままさお》が書いたようなものを読むとしましょう。これは、すでに準古典になっていますが、彼が書いたものを見ると、寄せ集めのような文章ばかりを書いていて、体系的なものはろくに書けていません。それでも、『日本の思想』など、岩波《いわなみ》新書になっているようなものは、大学入試問題によく出てきます。

そのなかでも、『「である」ことと「する」こと』のような難解な文章などは、読んでも分からないから、よく読解問題として出題されますが、この『「である」ことと「する」こと』が、丸山の独自な思想のように言われています。

しかし、新渡戸稲造の『武士道』など、その他の本を読んで、「to《トゥ》 be《ビー》とto《トゥ》 do《ドゥー》は違う」と書いてあるのを見れば、「何だ、丸山眞男は、この『to be』と『to do』を、『である』ことと『する』ことに置き換《か》えただけではないか」ということが分かるわけです。これは、今では、しっかりとネタバレされていますが、新渡戸の書籍《しょせき》を読まず、丸山だけしか読んでいない人は、「ああ、すごいなあ。『である』ことと『する』ことは違うんだな」と思ってしまうのです。

その後も、「科学する心」などという言葉が出てきたりするわけですが、それも、新渡戸の英文を日本語に訳しただけにすぎません。ところが、勉強が足りないと、それを独自の思想だと考えてしまうのです。

このようなことが出てくるわけですから、「知っているということは力だ」と言えるでしょう。

そういう意味で、〝砂金《さきん》〟は一部分しかないと思います。川の底をさらっても石がほとんどで、〝砂金〟は少ししかないと思いますから、「膨大《ぼうだい》な知識を持っている」といっても、実は、その膨大な知識よりも、さらに膨大な情報を処理しているわけです。「残った〝砂金〟部分が多い」ということは、それ以外の砂や砂《じゃ》利《り》も、そうとうすくっている。底ざらいしていることを意味しているのです。

「読む速度」は訓練によって鍛《きた》えられる

ただ、これには、訓練によって鍛《きた》えられる面はあります。

つまり、「頭の力も目の力も鍛えられる。直観力も鍛えられていく。知っていることが増えれば増えるほど、読む速度が速くなり、それと同時に、要点をつかむ力も速くなる」ということが言えると思うのです。

私も、専門の本だけはしっかりと精読して、それ以外のものを速く読もうとしていましたが、専門の本でも、たくさん読んでいると、内容の重なっているものが非常に増えてくるので、そうすると、やはり、読むのが速くなっていきます。内容は分かってしまっていますし、知っていることが書いてありますから、何か違うことを言っていないかどうかだけが気になって、そこだけを見たり、あるいは、「あの人の間違っているところはここで、ここは、あれと同じ」などというように見えてきたりするので、やはり、専門書であっても、読むのが、だんだん速くなってくることはあるのです。

したがって、「本が何冊読めるか」などということについては、最初から速く読めるわけではありません。やはり、たくさん読んでいると、だんだん速く読めるようになっていくのです。

これは、井上《いのうえ》ひさし氏が言っていたことからも分かります。彼も十三万冊の蔵書を片付けるのが大変だったようですが、「小説でも何でも、第一章だけは、比《ひ》較《かく》的丁寧に標準速度で読め。第一章を読んで、だいたい本の〝値踏《ねぶ》み〟をしろ。ためになるとか、面白《おもしろ》いなどと思ったら、そのあとは加速度を上げて速く読んでいけ。第一章を読んで、つまらないかどうかを判定し、速度を決めろ」というようなことを言っています。

私も、本を読むときには、「この本をどのくらいの時間で読むか」「このくらいの本であれば、このくらいの時間で読む」ということを、だいたい決めています。普通の本であれば、だいたい英語の映画のDVDを観《み》ながら読めるので、わりに楽です。そうすると、映画によって、適度に注意力が散漫《さんまん》になっているので、いわゆる、要点の「摘読《てきどく》」、要点だけを読んでいく能力が、逆に上がってきます。隅々《すみずみ》まで読まないで、「この本の要点はここ」というところだけを丁寧に、パラパラと見ながら読むわけです。

多機能に鍛《きた》えていれば人間は進化できる

この前も、英語の映画のＤＶＤを観ていたのですが、字幕の設定が中国語になっていて、日本語に替《か》えなければいけないところを、面倒《めんどう》だったので中国語のままでかけていたら、お茶出しに来た秘書が、映画を英語で聴きながら中国語の字幕で観て、日本語の本を読んでいた私を見て、ぎょっとして、そのまま黙《だま》って帰っていったことがありました。

別に、英語で聴いても分かるから字幕は見なくてもよいのですが、分からないことがあった場合のために、念のため、字幕をつけているのです。中国語の場合、簡体字《かんたいじ》ではなく、漢文で習った繁体字《はんたいじ》という、昔のかたちの漢字で字幕に出ていれば、七割は意味が分かります。ですから、英語の単語の意味が分からないときには、パッと漢字を見ればよいのです。漢字は象形文字ですから、漢字にそのまま意味が出ているので、中国語の字幕で観ても、分からないわけではありません。一瞬で意味が分かってしまうところはあるのです。

このように、多機能に鍛《きた》えていると、いろいろなかたちで能力は上がっていくでしょう。必要があって、訓練していれば、人間はだんだんと進化していくので、それに追いついていくようになります。

時間がなければ、ないなりの勉強の仕方を工夫《くふう》したらよいのです。やはり、無《む》駄《だ》な時間をたくさんつくるのはよくないですし、それは〝死骸《しがい》の山〟ですから、「時間を生かしていくためにはどうするか」ということです。

記憶《きおく》力を高めると「仕事ができる」人間になる

ただ、併行《へいこう》処理をしていたら、今度は記憶《きおく》力が落ちるのが普通ですから、落ちる記憶力を落ちないようにするためには、その要点に集中していくことが大事です。

最初にも述べたように、受験秀才《しゅうさい》、あるいは学校秀才になるためには、経営と同じく、「選択《せんたく》と集中」が必要でしょう。本を選択し、集中をかけることも大事です。

しかし、さらに大きな仕事をしようとしたら、「多様な情報の海のなかで、それらを処理しながら、さらに、その選択と集中をかけていく」というように、〝ダブル〟で技《わざ》をかけなければいけないわけです。

ただし、「記憶できるということはすごいことだ」ということは、知っておいたほうがいいでしょう。これを肯定《こうてい》しておくと記憶力が高まります。

受験指導でもそうですし、学習評論家など、いろいろな評論家たちが、「暗記中心のものはいけない」などと、よく批判するので、みながそれを真《ま》に受けてしまって洗脳がかかるのですが、「覚えられる力がある」ということは、やはり、すごいことです。「覚えている」ということはすごいことなのです。

本を見れば調べられますが、「調べなくても書いてあることを知っている」ということは、すごいことです。「どのあたりに何が書いてあるかを知っている」、「その言葉を再現できる」というのは、すごいことなのです。

ですから、「暗記力が高い」ということは、ものすごい仕事をします。暗記力が高くても、「量が少なければ暗記できる」ということであれば、大したことはないですが、「量が多くても、要点については暗記ができる」というのであれば、これは、すごい能力なのです。

そのように、暗記力を高めると、仕事はできるようになります。特に、要点や重点を暗記する能力が高ければ、仕事はできるようになるでしょう。ただ、少し違うタイプの勉強ができる秀才も大勢いるので、一概《いちがい》には言えません。

聞き逃《のが》した情報に執着《しゅうちゃく》せず、覚えることはきっちりと覚える

当会の弟子《でし》などはノートを取るのが非常にうまくて、私の言ったことはすべて取っている人もいるので、「ほお！」と思って感心することがあるのですが、自分だったら、おそらく、取らない部分がほとんどだと思います。

なかには、全部をノートに取る人もいますが、確かに、これをすると、学年末試験のようなものがあったときには、ノートを全部読み返せば、講義を復習して勉強できるでしょう。

また、もっと細《こま》かい人だと、学生時代には、テープレコーダーで授業内容を録《と》っていました。ノートに取り残しがあるといけないから、テープレコーダーで録って家に持ち帰り、自分のノートを点検しては、抜《ぬ》けているところをテープレコーダーで起こして書いたりしていました。けっこう秀才ではありましたが、そう

いう方もいたのです。

私は、どちらかといえば、そのようにはせず、「自分が聞き逃《のが》すようだったら、それは忘れてもよい情報なのだ」と思っています。

大事な情報は聞き逃さないで頭に残っていて、確実に捉《とら》えているので、自分が覚えられない情報、あるいは、聞き逃した情報は、「そんなものだ」と思って諦《あきら》めることにしているのです。その代わり、「覚えることはきっちりと覚える」という仕組みでしています。

二時間の説法《せっぽう》と一時間の校正で一冊の本ができる

とにかく、努力して記憶することは大事なことで、そうすると、いろいろなものから引用ができるようになります。私も、説法《せっぽう》などの際には、「誰《だれ》それがこんなことを言っている」などということを、ときどき言っていますが、基本的にメモは見ていません。なぜなら、覚えているからです。ですから、「記憶力がよい」ということは非常に大事なことなのです。

今日は、すでに二時間近く話をしていますが、もし、話をするための準備に一週間もかかって、ノートをたくさん取ったり、メモを取ったり、カードをつくったりしなければいけなかったら、膨大な時間が必要になります。

しかし、実際に、二時間ぐらい話したら一冊の本になりますし、校正するときには、だいたい一時間で校正し終えて、「まえがき」「あとがき」を書きますから、非常に速い速度で本ができているのです。

生産速度が高すぎるために、出版局は本を売り切れなくて苦しみ、当会の信者は、本を読み切れなくて苦しんでいますが、その場合、「読み方」をもう少し工夫したほうがいいでしょう。

私が本をつくるのにかけた時間以上の時間をかけて読むというのは、少し頭の回転が悪すぎます。二時間で話して一冊の本ができているので、二時間以上かかって理解するようでは、少々頭が悪すぎます。

それは、再生速度をスローに変えて、メモを取りながら授業を聴いているようなものでしょうから、もう少し能力を上げなければいけないでしょう。

以上、述べたことをまとめると、「暗記することは大事なことです。また、なるべくなら、本は持っておいたほうがよいでしょう。持っておいて、自分が読んだ痕跡《こんせき》を付けておいたら、それを取り出すことは簡単です。でも、実は、痕跡を付けている段階で暗記してしまうこともあります。そして、それを『覚えている』ということは大事なことで、記憶力がよくなると、何十年たっても覚えているようなことがありますし、また、それは、増強されていくものなのです」ということです。

このようなことを知っていればよろしいかと思います。

あとがき

本を読むのは好きだし、私自身、勉強をしているつもりはなく、愉《たの》しんで読書している。できるだけ無駄な時間は省き、効果的にたたみかけて、概要と要点をつかんでしまう読書法を実行している。違いがあるとすれば、私自身に、若干《じゃっかん》、聖徳太子的な同時併行処理《どうじへいこうしょり》能力があることだろう。

しかし、それも大半は後天的《こうてんてき》なもので、若い頃、ウォール・ストリートで、外国為替《かわせ》業務の訓練を受けた際に、一日に百本も二百本もかかってくるバラバラの内容の英語の電話に、速断速決していかなければ、一日の業務が終わらなかったことで磨かれたようだ。まさに一日一生《いちにちいっしょう》で、今日できる仕事を明日に持ち越すな、である。役所仕事をしている人とは対極的な頭の使い方をしてきた。

本書は、経営資源としての「時間」の価値を知り抜いた男の学習法であり、仕事術でもある。一つの戦略的人生兵法であることは間違いない。

二〇一四年　九月十一日

幸福《こうふく》の科学《かがく》グループ創始者兼総裁《そうししゃけんそうさい》

幸福《こうふく》の科学大学創立者《かがくだいがくそうりつしゃ》　大川隆法《おおかわりゅうほう》

『大学生からの超高速回転学習法』大川隆法著作関連書籍

『太陽の法』（幸福の科学出版刊）
『ストロング・マインド』（同右）
『知的青春のすすめ』（同右）
『青春マネジメント』（同右）
『英語が開く「人生論」「仕事論」』（同右）
『「特定秘密保護法」をどう考えるべきか』（同右）
『核か、反核か』（同右）

『大川隆法政治講演集２００９ 第４巻 志を崩さない』（幸福実現党刊）
※左記は書店では取り扱っておりません。最寄りの精舎・支部・拠点までお問い合わせください。

大学生《だいがくせい》からの超高速回転学習法《ちょうこうそくかいてんがくしゅうほう》
──人生にイノベーションを起こす新戦略──

2014年 9 月20日　初版第 1 刷

著　者　　大《おお》　川《かわ》　隆《りゅう》　法《ほう》

発行所　　幸福の科学出版株式会社

〒107-0052 東京都港区赤坂 2 丁目 10 番 14 号
TEL(03)5573-7700
http://www.irhpress.co.jp/

印刷・製本　株式会社 堀内印刷所

落丁・乱丁本はおとりかえいたします

ISBN978-4-86395-553-0 C0030
写真：アフロ

大川隆法シリーズ・**最新刊**

宗教学者から観た「幸福の科学」

「聖なるもの」の価値の復権

戦後に誕生したあまたの新宗教と幸福の科学との違いは何か。日本を代表する3人の宗教学者の守護霊が、幸福の科学に対する本音を率直に語る。

1,400円

イノベーション経営の秘訣

ドラッカー経営学の急所

わずか二十数年で世界百カ国以上に信者を持つ宗教組織をつくり上げた著者が、20世紀の知的巨人・ドラッカーの「経営思想」の勘所を説き明かす。

1,500円

危機突破の社長学

一倉定の「厳しさの経営学」入門

経営の成功とは、鍛え抜かれた厳しさの中にある。生前、5000社を超える企業を立て直した、名経営コンサルタントの社長指南の真髄がここに。

1,500円

※表示価格は本体価格(税別)です。

大川隆法ベストセラーズ・大川隆法の魅力を探る

大川総裁の読書力
知的自己実現メソッド

区立図書館レベルの蔵書、時速2000ページを超える読書スピード――。1300冊を超える著作を生み出した驚異の知的生活とは。

1,400円

大川隆法の守護霊霊言
ユートピア実現への挑戦

あの世の存在証明による霊性革命、正論と神仏の正義による政治革命。幸福の科学グループ創始者兼総裁の本心が、ついに明かされる。

1,400円

政治革命家・大川隆法
幸福実現党の父

未来が見える。嘘をつかない。タブーに挑戦する――。政治の問題を鋭く指摘し、具体的な打開策を唱える幸福実現党の魅力が分かる万人必読の書。

1,400円

素顔の大川隆法

素朴な疑問からドキッとするテーマまで、女性編集長3人の質問に気さくに答えた、101分公開ロングインタビュー。大注目の宗教家が、その本音を明かす。

1,300円

大川隆法 ベストセラーズ・英語の達人を目指して

英語が開く「人生論」「仕事論」

知的幸福実現論

あなたの英語力が、この国の未来を救う——。国際的な視野と交渉力を身につけ、あなたの英語力を飛躍的にアップさせる秘訣が満載。

1,400円

渡部昇一流・潜在意識成功法

「どうしたら英語ができるようになるのか」とともに

英語学の大家にして希代の評論家・渡部昇一氏の守護霊が語った「人生成功」と「英語上達」のポイント。「知的自己実現」の真髄がここにある。

1,600円

英語界の巨人・斎藤秀三郎が伝授する英語達人への道

受験英語の先にほんとうの英語がある！ 明治・大正期の英語学のパイオニアが贈る「使える英語」の修得法。英語で悩める日本人、必読の書。

1,400円

※表示価格は本体価格（税別）です。

大川隆法ベストセラーズ・幸福の科学大学シリーズ

プロフェッショナルとしての国際ビジネスマンの条件

実用英語だけでは、国際社会で通用しない! 語学力と教養を兼ね備えた真の国際人をめざし、日本人が世界で活躍するための心構えを語る。

1,500円

湯川秀樹のスーパーインスピレーション

無限の富を生み出す「未来産業学」

イマジネーション、想像と仮説、そして直観――。日本人初のノーベル賞物理学者が語る、幸福の科学大学「未来産業学」の無限の可能性とは。

1,500円

恋愛学・恋愛失敗学入門

恋愛と勉強は両立できる? なぜダメンズと別れられないのか? 理想の相手をつかまえるには? 幸せな恋愛・結婚をするためのヒントがここに。

1,500円

青春マネジメント

若き日の帝王学入門

生活習慣から、勉強法、時間管理術、仕事の心得まで、未来のリーダーとなるための珠玉の人生訓が示される。著者の青年時代のエピソードも満載!

1,500円

幸福の科学出版

大川隆法ベストセラーズ・幸福の科学大学シリーズ

財務的思考とは何か

経営参謀としての財務の実践論

資金繰り、投資と運用、外的要因からの危機回避……。企業の命運は「財務」が握っている！ ドラッカーさえ知らなかった「経営の秘儀」が示される。

3,000円

外国語学習限界突破法

日本人が英語でつまずくポイントを多角的に分析。文法からリスニング、スピーキングまで着実にレベルをアップさせる秘訣などをアドバイス。

1,500円

人間学の根本問題

「悟り」を比較分析する

肉体と魂の探究、さらには悟りまでを視野に入れて、初めて人間学は完成する！ 世界宗教の開祖、キリストと仏陀から「人間の最高の生き方」を学ぶ。

1,500円

日本神道的幸福論

日本の精神性の源流を探る

日本神道は単なる民族宗教ではない！ 日本人の底流に流れる「精神性の原点」を探究し、世界に誇るべき「大和の心」とは何かを説き明かす。

1,500円

幸福の科学出版

Noblesse《ノーブレス》 Oblige《オブリージ》

「高貴なる義務」を果たす、
「真のエリート」を目指せ。

幸福の科学学園
中学校・高等学校（那須本校）

Happy Science Academy Junior and Senior High School

「私は、
教育が人間を創ると
信じている一人である。
若い人たちに、
夢とロマンと、精進、
勇気の大切さを伝えたい。
この国を、全世界を、
ユートピアに変えていく力を
出してもらいたいのだ。」

（幸福の科学学園 創立記念碑より）

幸福の科学学園 創立者
大川隆法

幸福の科学学園（那須本校）は、幸福の科学の教育理念のもとにつくられた、男女共学、全寮制の中学校・高等学校です。自由闊達な校風のもと、「高度な知性」と「徳育」を融合させ、社会に貢献するリーダーの養成を目指しており、2014年4月には開校四周年を迎えました。

幸福の科学グループの教育事業

Noblesse《ノーブレス》 Oblige《オブリージ》

「高貴なる義務」を果たす、
「真のエリート」を目指せ。

2013年 春 開校

幸福の科学学園
関西中学校・高等学校

Happy Science Academy
Kansai Junior and Senior High School

私は日本に
真のエリート校を創り、
世界の模範としたい
という気概に満ちている。
『幸福の科学学園』は、
私の『希望』であり、
『宝』でもある。
世界を変えていく、
多才かつ多彩な人材が、
今後、数限りなく
輩出されていくことだろう。
（幸福の科学学園関西校 創立記念碑より）

幸福の科学学園 創立者
大川隆法

滋賀県大津市、美しい琵琶湖の西岸に建つ幸福の科学学園（関西校）は、男女共学、通学も入寮も可能な中学校・高等学校です。発展・繁栄を校風とし、宗教教育や企業家教育を通して、学力と企業家精神、徳力を備えた、未来の世界に責任を持つ「世界のリーダー」を輩出することを目指しています。

幸福の科学学園・教育の特色

「徳ある英才」の創造

教科「宗教」で真理を学び、行事や部活動、寮を含めた学校生活全体で実修して、ノーブレス・オブリージ（高貴なる義務）を果たす「徳ある英才」を育てていきます。

体育祭

天分を伸ばす「創造性教育」

教科「探究創造」で、偉人学習に力を入れると共に、日本文化や国際コミュニケーションなどの教養教育を施すことで、各自が自分の使命・理想像を発見できるよう導きます。さらに高大連携教育で、知識のみならず、知識の応用能力も磨き、企業家精神も養成します。芸術面にも力を入れます。

探究創造科発表会

一人ひとりの進度に合わせた「きめ細やかな進学指導」

熱意溢れる上質の授業をベースに、一人ひとりの強みと弱みを分析して対策を立てます。強みを伸ばす「特別講習」や、弱点を分かるところまでさかのぼって克服する「補講」や「個別指導」で、第一志望に合格する進学指導を実現します。

授業の様子

自立心と友情を育てる「寮制」

寮は、真なる自立を促し、信じ合える仲間をつくる場です。親元を離れ、団体生活を送ることで、縦・横の関係を学び、力強い自立心と友情、社会性を養います。

毎朝夕のお祈りの時間

幸福の科学学園の進学指導

1 英数先行型授業

受験に大切な英語と数学を特に重視。「わかる」（解法理解）まで教え、「できる」（解法応用）、「点がとれる」（スピード訓練）まで繰り返し演習しながら、高校三年間の内容を高校二年までにマスター。高校二年からの文理別科目も余裕で仕上げられる効率的学習設計です。

2 習熟度別授業

英語・数学は、中学一年から習熟度別クラス編成による授業を実施。生徒のレベルに応じてきめ細やかに指導します。各教科ごとに作成された学習計画と、合格までのロードマップに基づいて、大学受験に向けた学力強化を図ります。

3 基礎力強化の補講と個別指導

基礎レベルの強化が必要な生徒には、放課後や夕食後の時間に、英数中心の補講を実施。特に数学においては、授業の中で行われる確認テストで合格に満たない場合は、できるまで徹底した補講を行います。さらに、カフェテリアなどでの質疑対応の形で個別指導も行います。

4 特別講習

夏期・冬期の休業中には、中学一年から高校二年まで、特別講習を実施。中学生は国・数・英の三教科を中心に、高校一年からは五教科でそれぞれ実力別に分けた講座を開講し、実力養成を図ります。高校二年からは、春期講習会も実施し、大学受験に向けて、より強化します。

5 幸福の科学大学（仮称・設置認可申請中）への進学

二〇一五年四月開学予定の幸福の科学大学への進学を目指す生徒を対象に、推薦制度を設ける予定です。留学用英語や専門基礎の先取りなど、社会で役立つ学問の基礎を指導します。

授業の様子

詳しい内容、パンフレット、募集要項のお申し込みは下記まで。

幸福の科学学園 関西中学校・高等学校

〒520-0248
滋賀県大津市仰木の里東2-16-1
TEL.077-573-7774
FAX.077-573-7775
[公式サイト]
www.kansai.happy-science.ac.jp
[お問い合わせ]
info-kansai@happy-science.ac.jp

幸福の科学学園 中学校・高等学校

〒329-3434
栃木県那須郡那須町梁瀬 487-1
TEL.0287-75-7777
FAX.0287-75-7779
[公式サイト]
www.happy-science.ac.jp
[お問い合わせ]
info-js@happy-science.ac.jp

仏法真理塾

サクセスNo.1

未来の菩薩を育て、仏国土ユートピアを目指す！

仏法真理塾「サクセスNo.1」とは

宗教法人幸福の科学による信仰教育の機関です。信仰教育・徳育にウエイトを置きつつ、将来、社会人として活躍するための学力養成にも力を注いでいます。

サクセスNo.1 東京本校（戸越精舎内）

「サクセスNo.1」のねらいには、「仏法真理と子どもの教育面での成長とを一体化させる」ということが根本にあるのです。

大川隆法総裁　御法話「『サクセスNo.1』の精神」より

仏法真理塾「サクセスNo.1」の教育について

信仰教育が育む健全な心

御法話拝聴や祈願、経典の学習会などを通して、仏の子としての「正しい心」を学びます。

学業修行で学力を伸ばす

忍耐力や集中力、克己心を磨き、努力によって道を拓く喜びを体得します。

法友との交流で友情を築く

塾生同士の交流も活発です。お互いに信仰の価値観を共有するなかで、深い友情が育まれます。

●サクセスNo.1は全国に、本校・拠点・支部校を展開しています。

東京本校	TEL.03-5750-0747	FAX.03-5750-0737
名古屋本校	TEL.052-930-6389	FAX.052-930-6390
大阪本校	TEL.06-6271-7787	FAX.06-6271-7831
京滋本校	TEL.075-694-1777	FAX.075-661-8864
神戸本校	TEL.078-381-6227	FAX.078-381-6228
西東京本校	TEL.042-643-0722	FAX.042-643-0723
札幌本校	TEL.011-768-7734	FAX.011-768-7738
福岡本校	TEL.092-732-7200	FAX.092-732-7110
宇都宮本校	TEL.028-611-4780	FAX.028-611-4781
高松本校	TEL.087-811-2775	FAX.087-821-9177
沖縄本校	TEL.098-917-0472	FAX.098-917-0473
広島拠点	TEL.090-4913-7771	FAX.082-533-7733
岡山本校	TEL.086-207-2070	FAX.086-207-2033
北陸拠点	TEL.080-3460-3754	FAX.076-464-1341
大宮本校	TEL.048-778-9047	FAX.048-778-9047
仙台拠点	TEL.090-9808-3061	FAX.022-781-5534
熊本拠点	TEL.080-9658-8012	FAX.096-213-4747

全国支部校のお問い合わせは、サクセスNo.1東京本校（TEL. 03-5750-0747）まで。

メール info@success.irh.jp

エンゼルプランV

信仰教育をベースに、知育や創造活動も行っています。

信仰に基づいて、幼児の心を豊かに育む情操教育を行っています。また、知育や創造活動を通して、ひとりひとりの子どもの個性を大切に伸ばします。お母さんたちの心の交流の場ともなっています。

TEL 03-5750-0757　FAX 03-5750-0767
メール angel-plan-v@kofuku-no-kagaku.or.jp

ネバー・マインド

不登校の子どもたちを支援するスクール。

「ネバー・マインド」とは、幸福の科学グループの不登校児支援スクールです。「信仰教育」と「学業支援」「体力増強」を柱に、合宿をはじめとするさまざまなプログラムで、再登校へのチャレンジと、進路先の受験対策指導、生活リズムの改善、心の通う仲間づくりを応援します。

TEL 03-5750-1741　FAX 03-5750-0734
メール nevermind@happy-science.org

ユー・アー・エンゼル！（あなたは天使！）運動

障害児の不安や悩みに取り組み、ご両親を励まし、勇気づける、障害児支援のボランティア運動です。学生や経験豊富なボランティアを中心に、全国各地で、障害児向けの信仰教育を行っています。保護者向けには、交流会や、医療者・特別支援教育者による勉強会、メール相談を行っています。

TEL 03-5750-1741　FAX 03-5750-0734
メール you-are-angel@happy-science.org

シニア・プラン21

生涯反省で人生を再生・新生し、希望に満ちた生涯現役人生を生きる仏法真理道場です。週1回、開催される研修には、年齢を問わず、多くの方が参加しています。現在、全国8カ所（東京、名古屋、大阪、福岡、新潟、仙台、札幌、千葉）で開校中です。

東京校 TEL 03-6384-0778　FAX 03-6384-0779
メール senior-plan@kofuku-no-kagaku.or.jp

入会のご案内

あなたも、幸福の科学に集い、
ほんとうの幸福を
見つけてみませんか？

幸福の科学では、大川隆法総裁が説く仏法真理をもとに、
「どうすれば幸福になれるのか、また、
他の人を幸福にできるのか」を学び、実践しています。

入会

大川隆法総裁の教えを信じ、学ぼうとする方なら、どなたでも入会できます。入会された方には、『入会版「正心法語」』が授与されます。（入会の奉納は1,000円目安です）

ネットでも**入会**
できます。詳しくは、
下記URLへ。
happy-science.
jp/joinus

三帰《さんき》誓願《せいがん》

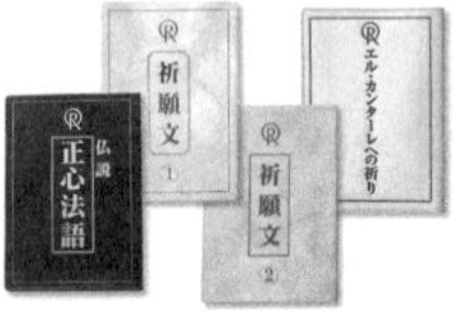

仏弟子としてさらに信仰を深めたい方は、仏・法・僧の三宝への帰依を誓う「三帰誓願式」を受けることができます。三帰誓願者には、『仏説・正心法語』『祈願文①』『祈願文②』『エル・カンターレへの祈り』が授与されます。

植福《しょくふく》の会

植福は、ユートピア建設のために、自分の富を差し出す尊い布施の行為です。布施の機会として、毎月1口1,000円からお申込みいただける、「植福の会」がございます。

「植福の会」に参加された方のうちご希望の方には、幸福の科学の小冊子（毎月1回）をお送りいたします。詳しくは、下記の電話番号までお問い合わせください。

月刊
「幸福の科学」

ザ・伝道

ヤング・ブッダ

ヘルメス・
エンゼルズ

INFORMATION

幸福の科学サービスセンター
TEL. 03-5793-1727（受付時間 火〜金：10〜20時／土・日：10〜18時）
宗教法人 幸福の科学 公式サイト **happy-science.jp**